柔情裹着我的心【徐志摩的诗样四季】

青蒿 作品

文汇出版社

图书在版编目（CIP）数据

柔情裹着我的心：徐志摩的诗样四季／青蒿著. --上海：文汇出版社，2013.10
ISBN 978-7-5496-0985-7

Ⅰ. ①柔… Ⅱ. ①青… Ⅲ. ①徐志摩（1896～1931）－文学研究②徐志摩（1896～1931）－人物研究 Ⅳ. ①I206.6②K825.6

中国版本图书馆CIP数据核字(2013)第238695号

柔情裹着我的心：徐志摩的诗样四季

出 版 人／桂国强
作　　者／青　蒿
责任编辑／戴　铮
封面装帧／姚姚工作室
出版发行／文汇出版社
　　　　　上海市威海路755号
　　　　　（邮政编码200041）
经　　销／全国新华书店
印刷装订／北京凯达印务有限公司
版　　次／2014年3月第1版
印　　次／2014年3月第1次印刷
开　　本／880×1230　1/32
字　　数／177千字
印　　张／8

ISBN 978-7-5496-0985-7
定　价：29.80元

目录

序：我不知道风是在哪一个方向吹 | 001

第一卷 春秋·小传 | 008

第一章 生的召唤 | 009

第二章 远渡重洋 | 025

第三章 新月之光 | 045

第四章 生活与现实 | 070

第二卷　夏冬·爱情 —— 103

第一章　你有你的，我有我的，方向——张幼仪 —— 104

第二章　你是天空中的一片云——林徽因 —— 123

第三章　怎叫我不倾颓，怎叫我不迷醉——陆小曼 —— 146

后记　四季·毕生行径都是诗 —— 167

附录：徐志摩诗集 —— 171

序：我不知道风是在哪一个方向吹

有一种说法是这样的："汤显祖的《牡丹亭》生生将有关爱情的句子都写绝了，以至于再看其他的情诗，都是画蛇添足。"也正是映衬了那句，"情不知所起，一往而情深"的句子。

一生太短暂，徐志摩的一生尤其让人感慨。联想起他的一生情爱，也正是仿佛印证了这一句"情不知所起"似的。不知两个字，确实是感情开始时最重要的一环。

若是明明白白地知道那段感情从何时起的，会不会就不是那种用心至深的情情爱爱了？

其实徐志摩的诗里也有类似的句子。

> 我不知道风
> 是在哪一个方向吹——
> 我是在梦中，
> 在梦的轻波里依洄。

> 我不知道风
> 是在哪一个方向吹——
> 我是在梦中，

她的温存，我的迷醉。

我不知道风
是在哪一个方向吹——
我是在梦中，
甜美是梦里的光辉。

我不知道风
是在哪一个方向吹——
我是在梦中，
她的负心，我的伤悲。

我不知道风
是在哪一个方向吹——
我是在梦中，
在梦的悲哀里心碎！

我不知道风
是在哪一个方向吹——
我是在梦中，
黯淡是梦里的光辉。

　　梦里轻波，谁的痴情遇上了谁，又抛弃了谁？梦里的光辉依旧，可是斯人却不知何处。

似乎，从一首简简单单的诗中，便能瞧见他的一生情感，似乎就能瞧见他感情中的波折。甚至，他要说一句，"我不知道风是在哪一个方向吹"这样的句子。

在中国人的诗歌传统里，在诉说情感时，都需要加入一段起兴，像是"关关雎鸠，在河之洲"这种字面上看着似乎与感情并无关联的句子便是下一句"窈窕淑女，君子好逑"的起兴。这种先写景再写情的传统，一方面与国人的含蓄内敛是分不开的，另一方面，也是借物喻人，用一个场景，使读者更加感同身受。

徐志摩的这句诗也有这样的效果。风在中国人的概念中，是有不同的效果的。春夏会有东南风，秋冬会有西北风。春风得意，夏风轻柔，秋风萧瑟，冬风凛冽。可是这一切的四季景致，在徐志摩看来都已经是摆设，因为他用情至深，因为他沉浸在梦中，并不知道风往哪一个方向吹，亦不知道今夕何夕。

所以他才会在梦里逐层递进，从"在梦的轻波里依洄"，到"她的温存，我的迷醉"，而后"甜美是梦里的光辉"。之后峰回路转，"她的负心，我的伤悲"，其后"在梦的悲哀里心碎"，最后说"黯淡是梦里的光辉"。

看似仿佛是在梦里经历了一场甜美的相遇与背叛，但也是现实生活中不能不诉说的一段感情吧。正是他梦里的"不知"才使得这段梦里的感情，看起来颇有些真实的意味。

时常有人将徐志摩贴上如下标签：花心、负心汉、花花公子……

非是替他辩护，但是他所做的一切，大抵是在那样一个历史时期最真挚的表达与体现。

他也可以像同时代的其他许多知名文人学者作家一样，家中的发妻便只是发妻，属于旧时代；而后另娶夫人太太是新时代的配偶。两边互不干涉，都有保留。但若是那样，他也许也就不是徐志摩了。无论他曾爱过多少人，我相信，在彼时，他是一心一意。而他这一生，在对待每一段感情时，也必定是一心一意的。

在梦里，曾有过这样一个男子。觥筹交错、衣光鬓影的社交舞会，他一身英伦风十足的西装，优雅绅士的做派，使得周围一众少女暗自荡漾。他时而与周围的朋友们高谈阔论，激动得眼角眉梢都会轻轻颤动；时而只是默默地执着一只酒杯，在角落里旁观众人，嘴角还带着一丝无所谓的浅笑。

在许多人的眼中看来，或许，他真的不是一个太会处理感情的人。无论是张幼仪、林徽因还是陆小曼，他似乎每个人都有所愧对。但这也在一定程度上说明他并非世故圆滑如旁人，可以在众多女性中如鱼得水。他身上带着文人的狂傲和热血，并将这种热情也同样灌注于自己的感情生活。所以，我们常常可以看到他极不理智地离婚，似乎全身心投入地去追求一个人，而后不顾一切地与其热恋。

在徐志摩的心中一定会有那样一团火，燃烧一切，喷薄而出。于是他将那一团火通通写入诗歌中，故而，在他的诗里会有这样一种令人惊叹的力量。我不知道风是在哪一个方向吹，每每念到这句诗时，就会有一种激动得想要站起来与人痛快交流的感觉，但是，却又不知道该如何说、如何表达，就好像我梦中的你一样……

于是，一切的感情，似乎都得从梦里说起。

仿佛又回到了《牡丹亭》的话题，惊梦、寻梦，似乎难以逃脱的宿命。

徐志摩，仿佛他也有着他难以逃脱的宿命。他的诗里，总是充斥着真性情。虽然到了他所处的新月派文学观点盛行之时，虽然他写的是所谓现代诗，但是，古老的诗词评述里总是会说，诗词者，能言情达意才是最重要的。较之现代诗歌里那些不知所谓或者只是为了奇特而存在的诗歌，徐志摩的诗里仿佛就充斥着浓浓感情，让我们忍不住，一读再读。

他在感情里，大概是一个一往无前的勇者吧。

感情之于他，是生命中最重要的部分。而他一生所专注所努力，也正是感情。

因为这样勇敢，所以在旁人眼中，大抵是颇有些与众不同的，或者说很另类。

会羡慕徐志摩，在那样一个年代，他便敢于因为爱情一往无前，甚至说带了些孤勇，并不理会旁人说了些什么写了些什么，只会考虑，自己的所想所爱，到底是什么。然后为了自己的爱情，做一切自己能做到的事情。

说到底，不是不痴的。或者按照一般人的观点，确实是有些傻的。

在凉薄的世情面前，徐志摩是处于另一端，是令人不得不艳羡的那一个。

徐志摩一生的感情所钟，其实不外乎那么几位。其实有时想想，他是活在世情冷暖之外的，颇有些不谙世事的感觉。他因为不想要无爱的婚姻，所以决绝地与张幼仪离婚；他想要寻找一个人生伴侣，而且恰好他遇到了，于是他似乎使尽全身力气去追求林徽因，但是最终也只能输给了命运；他因为深知，有的感情错过了就没有了，所以在得知罗敷有夫之后，他也甘愿放弃，而后顶着逆子的罪名去追求陆小曼。

可他在自己的真心面前，却从来不肯将就与撒谎。他有独属于他自己的温柔与风情，他有笔下生花的情丝，他至死都在描绘着自己那一颗永远都在为感情悸动着的心。

他是一段传奇。书页间、光影里，你不难发现他的人间四月天。可是浮世众生，有人三生三世，相思莫相负；有人看破三春景，终究白茫茫一片……唯有他，仿佛身在梦中、情中，却总也让人觉得是旁观与最清醒的那一个。

我不知道风往哪里吹——他如是说。那是一种对生命的豁然，因为他的多情，他的半生柔肠。甚至有时，是他的一腔热血与世人相交，非关风月。

其实有时想来，待感情慎重，并不为错。稍许理性，也并不为过。但是如果在还能有爱之时，可以奋不顾身一次，或许，你今后的人生里，会少一些追悔的时刻。

徐志摩，他的一生，也仿佛是沉入一首诗歌之中，我们读着读着，脑海中便都是那些韵脚的环绕，难以摆脱，难以忘记。而后，他便在记忆里，默默地旁观这尘世中还有的许多悲欢与离合。

有时会想，在零落于高空之中时，生命最后的时刻，他的思想是否也仍旧是如诗一般悲壮？还是用他徐氏特有的思想，写出灵动跳跃的句子。你是浮起在尘世的羽毛，飘然而来，飘然而走。你的生命，是一篇有关爱情的乐章，亦是一出告别剧，告别后，那些有关爱情的诗词就会彻底埋藏。

　　这本书，就是这样。让我们在如今浮躁的世情下，或许可以找到一丝如同诗人般的热血和冲动，一种对感情最原始的诉求。再不济，也能用一种恬淡的心情，"看庭前花开花落，望天上云卷云舒"。

　　哪怕仅有一次，可以稍稍靠近，一种名叫爱情的感觉。

第一卷 春秋·小传

和蔼的春光,
充满了鸳鸯的池塘,
快辞别寂寞的梦乡,
来和我摸一会鱼儿,折一枝海棠。

——《醒!醒!》

第一章　生的召唤

一切梦的开始，都会有一个根源。

梦去往何处，与它从何处来密不可分。

诗人的梦总是瑰丽而多彩的，有时他们的梦会化作蝴蝶，使人忘却蝶梦我抑或我梦蝶；有时他们的梦会只是一缕清风，倏然间来去匆匆，抓不着踪迹；有时他们的梦或许仅仅是一井清泉。

而和徐志摩有关的那个梦，应该是从海宁这个地方开始的。

熟知野史的朋友一定对海宁这个名字并不陌生，不止一种野史将乾隆皇帝的亲生父亲编排成海宁的陈阁老，这让海宁这个地名蓦然间在文人笔下出现了一丝丝传奇的色彩。而它也确实够传奇的，远的不说，武侠小说界的泰斗金庸先生的母亲是徐志摩父亲的堂妹，也就是说金庸与徐志摩是表兄弟的关系。

当然这并不是重点，重点是海宁这个地方人杰地灵，所以才会出像徐志摩这样的仿似谪仙人。

光绪二十二年十二月十三日酉时，也就是公历的 1897 年 1 月 15 日下午，夕阳的余晖布满天际，徐志摩出生在硖石镇保宁坊第四进院子的楼上。父亲徐申如为他取名章垿。

有时生命是很奇特的一件事，如同天上落下的一片雪花，飘飘洒洒，在天空中被随风吹动，改变着原先的轨迹，最终落在了地上，却也有着不同的遭遇，或洁净如初，或被人的脚踩过变得脏污，但最终无论怎样，都还是会化为水汽，浸润大地。

徐申如娶了两房太太才只得了徐志摩这样一个儿子，所以他甫一出生，就成了全家的掌上明珠，呵护异常。徐志摩可谓一出生便享尽了天时地利人和。他出生于海宁当地的富贵之家，父亲徐申如继承了祖业与人合伙开办了钱庄、丝厂、绸缎店、火力发电厂，家里还有酱园祖业，各项生意遍布沪杭两地。可以说，若徐志摩不是一个诗人文人，大抵也可以做一个普通的富家子弟，过富足的小日子。

只是他幼时遇到了一件怪事儿，使得他的生活隐隐变得有些不同。

这得从他周岁时的"晬盘之喜"开始说起。"晬盘"又叫"试儿"，孩子周岁时要用一只红漆木盘盛上诸般物件，让幼儿从中抓取，是以以物测人。婴幼儿时期的徐志摩彼时抓了什么我们不得而知，但是那天，徐家闯进了一个名叫志恢的和尚，他望着彼时叫作徐章垿的婴儿，摸了摸他的头，对徐申如说，此儿将来必成大器。徐申如大喜，遂为儿子改了"志摩"这个听起来更为清奇有趣的名字。

其实和尚摸骨算命这回事儿，许多地方都有。《红楼梦》中亦有不少喜欢跑去别人家里预言孩子将来事的和尚道士。这个志恢和尚是主动上门，还是被有心人用作奉承请来徐家的，早已不可知。但他的出现，无疑对徐志摩今后的人生路给了一定暗示。

现代心理学中有这样的说法，即给一个人暗示他将会成为什么样的人，那么他有80%的可能就真的会成为那样的人。

无疑，徐志摩确实是给予了自己这类的暗示，他在《猛虎集》的序言中写过这样的句子：

我查过我的家谱，从永乐以来我们家里没有写过一行可供传诵的诗句。在二十四岁以前我对于诗的兴味远不如我对于相对论或民约论的兴味。我父亲送我出洋留学是要我将来进入"金融界"的，我自己最高的野心是想做一个中国的Hamilton（汉密尔顿）！在二十四岁以前，诗，不论新旧，于我是完全没有相干。

……

诗人也是一种痴鸟，他把他柔软的心窝紧抵着蔷薇的花刺，口里不住地唱着星月的光辉与人类的希望，非到他的心血滴出来把百花染成大红他不住口。他的痛苦与快乐是深诚的一片。

让人不由就想到了王家卫的《阿飞正传》，里面有这样的台词："我听别人说这世界上有一种鸟是没有脚的，它只能够一直地飞呀飞，飞累了就在风里面睡觉，这种鸟一辈子只能下地一次，那一次就是它死亡的时候。"仔细想来，徐志摩的一生似乎也像这种荆棘鸟一样，不断努力，执着向前，勇敢地寻找他的理想，为了他的理想和爱情，肆意地挥洒着自己的爱情和生命。

再说回徐家，其实徐家在硖石一带非常有名，徐申如是硖石商界的领头人物，曾先后出任过硖石商会的副会长、会长、主席。而且他不仅在做生意上很在行，同样敢于接受许多新鲜事物及思想，他与张謇的关系就非常好，而且非常同意张謇当时提出的"实业救国"的思想。

1908年，浙江和江苏两省先后成立了铁路公司，协力修筑贯通两省之间的铁路。其中浙江的铁路经费由自己省内集资，按照路线设计，这段铁路经由嘉兴、桐乡、崇德，是一条直线。但是当时桐乡的许多乡绅认为修筑铁路会占用农田，拆毁房屋祖坟，最要紧的是还会破坏当地的风水，所以很不支持。而当时徐申如正担任浙江铁路公司董事，他果断利用了这个机会，说服了海宁的乡绅们，让铁路绕开桐乡从海宁经过。于是，沪宁铁路行经硖石，横贯海宁，给日后的发展创造了非常大的机遇。这足以说明，徐申如在当时是非常开明的一位商业领袖。

而成长在这样家庭的徐志摩，自然也因为富裕的家境而有了少年不知愁滋味的生活，也因为父亲的开明，使得他有了独立思考的人格，更为今后他留学欧美，游历海外，成为被后人所称道的徐志摩埋下了伏笔。

徐志摩的童年是愉快的。海宁的山水迤逦，青山碧水滋润着他年幼的心灵，使得他的心灵也一尘不染。房前屋后，山前树下，他自由自在，过着属于自己的童年。这无忧的童年让他养成了快乐、善良的性格，让他笑看世界，很少悲观。

等到快乐的童年在不知不觉中溜走的时候，徐志摩也到了该上学的年纪。当时的中国教育体制还略有些混乱，科举制刚刚废除，新的学堂尚未开办，正是新旧学制交替的阶段。幸而，徐家产业极大，自己就有私塾，所以四岁的徐志摩就进了自家私塾开蒙。私塾的生活，民国时许多作家都写过相关的经历，鲁迅先生会回忆三味书屋里的时光，徐志摩自然也有他的过往。但在私塾学习，毕竟还是枯燥无味的，尤其徐志摩的开蒙师傅，还是一位旧时秀才，名曰孙荫轩。孙老师有一把楠木戒尺，常在徐志摩望着窗外走神时将他的思绪拉回来。后来徐志摩趁着老师不在，就偷了那把戒尺扔进了水井里，老师问时，他却说："我见了这根戒尺就怕，脑子发涨，读不进书。"

后来回忆幼年读书时的情景，他还这样写过：

我们镇上东关厢外，有一座黄泥山，山顶有一座七层的塔，塔尖顶着天……有时一只两只，有时三只四只，有时五只六只，蜷着爪往地面上瞧的"饿老鹰"，撑开它们灰苍苍的大翅膀没挂恋似的在盘旋，在半空中浮着，在晚风中泅着，仿佛是按着塔院中的波荡来练习圆舞似的。那是我做孩子时的"大鹏"。有时好半天抬头不见一片云的时候听着幽幽的叫响，我们就知道那是宝塔上的饿老鹰寻食吃来了，这一想象半天里秃顶圆睛的英雄，我们背上的小翅膀骨上就仿佛豁出一撮撮铁刷似的羽毛，摇起来呼呼响的，只一摆就冲出了书房门，钻入了玟瑰镶边的白云里玩儿去了，谁耐烦站在先生书桌前晃着身子背早上多难背的书！

不过，从五岁开始，徐志摩就改而从师查桐轸了。这位查先生是一个用今天的说法算是比较另类的人，他一生从未洗过一次澡，也不刷牙洗脸，平常出门也只是稍稍擦擦就是，真正的不修边幅。大概查先生是真心想要达到"天人合一"的境界，但是生活中，直接观感便是他浑身都发出难忍的酸臭味儿。一般来说，比较另类的人总是精神世界十分丰富的，查先生亦是如此。徐志摩曾向父亲抱怨过查先生的不卫生,但是因为他的学问,徐申如还是默许了下来。

后来,徐志摩在一次自我检讨中还提到了这位查先生:

查先生这个人明明是因为懒惰而散漫,别人却赞美他是落拓不羁,我的父母都是勤勉而能自励的人,我这个儿子何以懒散成这个样子,莫不是查桐轸先生的遗教?

随着徐志摩慢慢成长,硖石县开办了废除科举制后的第一所新式学堂——开智学堂。徐申如立即做主让徐志摩转学到了新开办的开智学堂,这时徐志摩已经十岁了。新学堂的生活让他有一种摆脱了过往樊笼的感觉,学堂除了开设国文、数学、英语等课程外,还有音乐、体育、自修诸课,这种生活之于以往被要求死背书的徐志摩来说,是全新的一种生活。不同的学科以及丰富的知识让徐志摩突然觉得自己像是在学海中翱翔,无拘无束。而且,他对知识的渴求竟然比以往更加强烈了。

开智学堂位于西山之麓。这里景色非常优美,原本西山之上的亭、寺、泉,惯常就是文人们雅集的场所,开设学堂之后,这里更是锦上添花,对于喜爱生活的徐志摩来说,这里再合适不过了。

在所有的科目中,徐志摩的国文自然是强项。他的国文老师张仲梧非常欣赏他的才华,常将他的文章当作范文给学生们宣读。少年时,徐志摩的文章就经常是妙语连珠,一气呵成,读起来仿佛行云流水,口留余香。其实除了天分,这与他在私塾时打下的功底也是密不可分的,当时他还常被同学们称为"两脚书橱",因为他不仅功课好,而且知识非常渊博。

徐志摩十三岁时写过一篇《论哥舒翰潼关之败》，仔细研读起来，足见他古文功底扎实，语言驾驭能力非常之强：

夫禄山甫败，而河北二十四郡，望风瓦解，其势不可谓不盛，其锋不可谓不锐，乘胜渡河，鼓行而西，岂有以健壮勇猛之师，骤变而为羸弱疲敝之卒哉？其匿精锐以示弱，是冒顿饵汉高之奸谋也。若以为可败而轻之，适足以中其计耳，其不丧师辱国者鲜矣！

在父亲徐申如的眼中，儿子课业优秀，文章一流，自然于友人间时常夸耀。他经常拿了徐志摩写的文章向一些很有名望的学者请教，这也算是为人父母者的一种恶趣味吧，名为请教，其实只是想听旁人夸赞自己孩子而已。而徐志摩也确实值得徐申如骄傲。

当时的社会环境以及新学堂的学习使得徐志摩的世界观并不过度陈腐也不过度洋化，他仿佛在两者中间寻到了一个非常恰当的位置，可以将两种完全不同类型的文化在他的身上中和起来。

在1911年的春天，徐志摩从开智学堂毕业，离开硖石，考入了杭州府中学堂。在这里，才可以说徐志摩开始真正地确立了自己的世界观，也是未来徐志摩的开始。

杭州比硖石要大得多，西湖美景令人流连忘返，草长莺飞的人间天堂以它淡妆浓抹总相宜的景色吸引着徐志摩，他如同鱼游入了大海，这里到处都可以带给他新鲜的感受，他醉心于此，也更深深地体会到了为何古人会有言"江南好，最忆是杭州"。

在杭州读书时，徐志摩求知的热情并不仅限于课堂之上，还有诸多的课外读物，以及学堂外的世界都在源源不断地给他输入新的知识。其时中国正值变革的乱世，更是给了他太多太多思考的空间。徐志摩是一个善于思考的人，他深知思维开阔的重要性，这也正是他其后还想去海外学习的原因。

而且在杭州中学堂，他还结识了郁达夫，两人在中学里建立起了深厚的友谊。后来郁达夫常常会回忆起那时的他们："我当时自己也还是一个孩子，然而看见了他，心里却老是在想，这顽皮小孩，样子真生得奇怪……仿佛我自己已经是一个大孩子似的。那个头大尾巴小，戴着金边近视眼镜的顽皮小孩，平时那样的不用功，那样的爱看小说。他平时拿在手里的总是一卷有光纸上印着细字的小本子，而考起试来或作起文来却总是分数最多的一个。"

时常会想到这样的情景，一间明亮教室里，郁达夫正是那种有些不善言辞，坐在课桌椅上专心用功的好学生，而徐志摩是那种嘻嘻闹闹并不怎么在意学习却永远得第一的顽皮学生。在国文老师的写作课上，两人的作文都被拿出来当作范文读给大家，然后他们只是不经意间回头彼此对视，然后就此拉开了序幕，直到彼此熟识，两人终于结成了深厚的友谊一直到永远。

中学时期，徐志摩曾在校刊上发表过一篇文章：《论小说与社会关系》，这篇文章极得郁达夫的赞赏。

科学小说，发明新奇，足长科学知识；社会小说，则切举社会之陋习积弊，陈其利害，或破除迷信，解释真理，强人民之自治性质，与社会之改革观念，厥功是伟；警世小说，历述人心之险恶，世事之崎岖，触目刿心，足长涉世经验；探险航海小说，或乘长风，破万里浪，或辟草莱，登最高峰，或探两极，或觅新地，志气坚忍，百折不回，足以养成人民之壮志毅力；至若滑稽小说，虽属小品文学，而藉诙谐以讽世，昔日之方朔髡奴，亦足以怡情适性，解愁破闷。

当然，对这篇文章极为赞赏的并不只郁达夫，时任浙江省都督朱瑞的秘书张嘉璈有次到杭州中学堂视察的时候看到了这篇文章，也十分赞叹。而且这学生不只文章写得好，书法也十分优秀，下笔刚劲，却不乏自己的神韵。张嘉璈也许是福至心灵，便直接向校长张萍青打听了这个学生的大概情况。一番了解之后，无论是徐志摩本人，还是他的家世都让张嘉璈十分满意，思及自己还有个妹妹待字闺中，张嘉璈便写信给徐申如，想与徐家议亲。

张家本就是名门望族，张家的几个儿子又都在各自行业中发展得极好，这样一门亲事，对于徐申如来说简直是再合适不过，故而徐申如很快便回信允婚。当时徐志摩只有十六岁，而张幼仪也才十三岁，所以两家议定之后，也只是订了婚，待两年之后，他们才正式成亲。

在此，无意批判旧式封建家庭的一系列传统观念，毕竟那些旧时的婚姻，大多如此。

有时婚姻的到来，仿佛只是盛夏的一场骤雨，还未准备妥当，便已经到来了，浇得人满头满脸都是迷茫。

可彼时所有人都是那样过来的,不是吗?不孝有三无后为大,婚姻只是传宗接代的一种手段,他是家中独子理应尽早结婚……这些现在看来老掉牙的陈词旧调,在那样一个年代是多么根深蒂固的一件事儿啊。所以,即使接受过新式教育如徐志摩,也是随波逐流般,应下了这门婚事。

彼时,恋爱之于徐志摩,大概还只是那些小说中的词汇,他未曾经历,也不曾幻想。媒人给两家传递了照片,徐志摩看到照片中的张幼仪只是一副老实质朴的样子,心中便草草断定这是个没读过多少书的女子,评价甚低。但当时的他也并不会真就因为自己不满意与张幼仪的婚事而忤逆父母,当时的他也就只是漠然地接受,从而埋下了他与张幼仪之间那些孽缘的初因。

及至后来,当他终于开始思考恋爱是什么的时候,大抵对这桩婚事,是倍感后悔与无望的吧。

> 他来的时候我还不曾出世;
> 太阳为我照上了二十几个年头,
> 我只是个孩子,认不识半点愁;
> 忽然有一天——我又爱又恨那一天——
> 我心坎里痒齐齐的有些不连牵,
> 那是我这辈子第一次的上当,
> 有人说是受伤——你摸摸我的胸膛——
> 他来的时候我还不曾出世,
> 恋爱他到底是什么一回事?
> 这来我变了,一只没笼头的马,

> 跑遍了荒凉的人生的旷野；
> 又像那古时间献璞玉的楚人，
> 手指着心窝，说这里面有真有真，
> 你不信时一刀拉破我的心头肉，
> 看那血淋淋的一掬是玉不是玉；
> 血！那无情的宰割，我的灵魂！
> 是谁逼迫我发最后的疑问？
> 疑问！这回我自己幸喜我的梦醒，
> 上帝，我没有病，再不来对你呻吟！
> 我再不想成仙，蓬莱不是我的分；
> 我只要这地面，情愿安分的做人，
> 从此再不问恋爱是什么一回事，
> 反正他来的时候我还不曾出世！
>
> ——《恋爱到底是什么一回事》

　　但不满也罢，随波逐流也罢，这门亲事是定下来了。

　　两年后，也就是1915年10月29日，徐志摩与张幼仪的婚礼在硖石商会举行。

　　古代有一个词是用来形容夫妻间的关系的，叫作相敬如宾。徐志摩与张幼仪也是如此，纵然举案齐眉、相敬如宾，可这也只能是另外一种意义上的缄默。他们之间本就没有太多的话题，又因为这样一桩包办婚姻，彼此间都陷入了一种尴尬的境地。徐志摩是新潮的乐于接受新生事物的人，而张幼仪身上有太多传统女性的美德，他们在一起仿佛是冰与火的两极，两人之间早已隔开了一道鸿沟。

但毕竟张幼仪是徐志摩此生所遇的第一个女人，是他的结发妻子。

她是属于他一个人的美好，可他却从未对她有所希冀。当然，也许还是有所希冀的，只是那是对他心目中曾隐约出现过的妻子的影子，而不是他所看到的照片中那个略显木讷的少女。

旁人的眼中，这想必是天作之合。徐志摩他能有什么不满呢？张幼仪出身名门，举止有度，秀外慧中，是出名的大家闺秀。可于徐志摩来说，这只是一桩婚姻，他与张幼仪没有经历过那种从相遇到相识，从相识到相知，从相知到欣赏，从欣赏到恋慕这样复杂的过程，在他的心底，他们之间是没有爱情的欢喜与忧伤，只是在彼此都还青涩懵懂的时候，他娶了她，而她嫁给了他。

颇有些像年少时看《红楼梦》，贾宝玉与薛宝钗是众人津津乐道的金玉奇缘，而他最终也娶了她，可总是意难平。并不是因为薛宝钗不好，只是少了些那种名曰爱情的特定感觉，就觉得如鲠在喉，很难圆满。

不过也时常会感慨，幸而徐志摩娶的是张幼仪这样的女子。她识文能墨，又擅长经商之道。她如同无数旧时女子那样，出嫁从夫，而且从心底里默默地爱上了徐志摩。

现实生活里也常常是这样，一段感情，如果一个人爱得比另外一个多一些，那就会有更多的辛苦。据传闻讲，当时两人结婚，张家对于有徐志摩这样一个女婿还是非常满意的，因为太在意，张幼仪结婚时陪嫁的妆奁还是她六哥去欧洲专门采购的西式家具，因为数量太多，一节火车尚装不下，所以后来改用驳船从上海走水路运到了硖石。

婚姻这回事儿，本就是两个人的共同努力才有可能成功，但若是其中一个人并不付出，那它一定是失败的。很多时候，恋爱、婚姻，都是这样，即使你有百分之百的爱，付出了巨大的努力，如张爱玲所说已经低到尘埃里，但只要对方讲一句，不爱或者不曾爱过，那便只能是彻头彻尾的一场悲剧。

徐志摩在婚前就曾考取了上海浸信会学院，婚后不久他便收拾行李准备去继续他的读书生涯。1916 年 5 月，他又从上海浸信会学院转入了天津北洋大学的预科。第二年，北洋大学撤销了法科与北大法科合并，于是徐志摩便到了北大法科。

只是徐志摩此番到北大，并不算是正式的学生，他只是来旁听一些课程，因为他已经做好了出洋留学的打算，到更加广阔的世界里去增长见识，所以这一年在北大的生活徐志摩过得十分惬意。他在北京广交朋友，结实了不少社会各界的精英人士。当时，徐志摩似乎并未表现出对文学的特别偏好，其时正值中国处于列强环伺的动荡之中，社会上的先进精英们都在探讨着各种方法来达到救国图强的目的。徐志摩也不例外，他当时的兴趣在政治，后来去美国留学也是学习与政治相关专业。

但是这段时间，有一件事对于徐志摩是至关重要的，那就是他拜了梁启超为师。梁启超的名望，在当时是无人不知无人不晓的，当时段祺瑞内阁中属一流的学者，便是他了。想要拜在他的门下绝非容易的事，但是一旦能被梁启超收为学生，那在彼时的文化圈也就算是名人了。幸而，张幼仪的二哥张君劢便是梁启超的学生。有他当介绍人，一切就都水到渠成了。而且当时徐申如听说儿子拜了梁启超为师大为支持，毫不犹豫便拿出了一千大洋当作拜师礼送给梁启超。徐志摩对于拜梁启超为师这件事自然也是向往了许久，从中学时他就对梁启超的文采和学识大为仰慕，所以在得知梁启超愿意收他为学生时，不知该有何等样的欣喜了。

徐志摩的日记中有过这样的描述：

读任公先生《新民说》及《德育鉴》，合十稽首，喜惧愧感，一时交集，《石头记》宝玉读宝钗之《螃蟹咏》而曰："我的也该烧了！"今我读先生文亦曰："弟子的也该烧了。"

自从拜了梁启超为师，徐志摩整个人都仿佛变成了另外一个人。似乎是了却了长时间以来的心愿，他的精神也追随着梁启超，在当时的乱世烽烟里，想要为民族的将来探求一条光明之路。

他在给梁启超的信中讲：

夏间趋拜榘范，眩震高明，未得一抒愚昧，南归适慈亲沾恙，奉侍匝月，后复料量行事，仆仆无暇，首途之日，奉握金诲，片语提撕，皆旷可发蒙，感！乍会至于流涕。具念夫子爱人以德，不以不肖而弃之，抑又重增惶悚，虑下驷之不足，以充御厩而有愧于圣弟子也。敢不竭步之安详，以冀千里之程哉？

彼时，北平正笼罩在军阀混战的时局下。清政府已经垮台，各地揭竿而起却没有统一独立的政权，北洋政府对于政局极其无力。因为连年的军阀混战,民不聊生,这些状况,任何一个有识之士都不能忽视。徐志摩也是如此,他对当时的社会十分忧虑,却也不知道该如何解决,这绝非一人之力或者一家之力所能改变的,这也不是短期能够改变的,所以在梁启超的建议下,他决定赴美留学,寻求救国的新途径,好为祖国贡献一份力量。

古人常常讲,修身齐家。对于彼时的徐志摩,齐家便是一件大事。

1918年,他的长子阿欢生于硖石。承欢膝下,铜锴之垠,徐申如为长孙取名为积锴。有了子嗣,仿佛对父母的孝道就已经圆满了似的,徐志摩要做的便是继续去开阔他的视野、锻造他的学问了。

8月,正是一年中最热的时候,徐志摩在硖石短暂停留后便启程至上海踏上了赴美的客船。他只轻轻挥了一挥衣袖,便作别了东方的云彩,去往美国探寻救国图强之路。值得一提的是,与他同行的还有几人:汪精卫、朱家骅、李济之、张海歆、查良钊、董任坚、刘叔和,他们在中国的近现代史上都将留下许许多多的故事,或许起点相同,但每个人所走的路,却并不一样。

故土渐渐消失在视野里,彼时的徐志摩立志要做中国的汉密尔顿,立志为中国探寻一条全新的强大之路,在邮轮上,他写下了《启行赴美分致亲友书》:

……

诸先生于志摩之行也,岂不曰国难方兴,忧心如捣,室如悬磬,野无青草,嗟尔青年,维国之宝,慎儿所习,以驻我脑。诚哉,是摩之所以引惕而自励也……方今沧海横流之际，固非一二人之力可以排而砥柱，必也集同志，严誓约，明气节，革弊俗，积之深，而后发之大，众志成城，而后可有为于天下……

况今日之世，内忧外患，志士贲兴，所谓时势造英雄也。时乎！时乎！国运以苟延也今日，作波韩之续也今日，而今日之事，吾届青年，实负其责，勿以地大物博，妄自夸诞，往者不可追，来者犹可谏。夫朝野之醉生梦死，固足自亡绝，而况他人之鱼肉我耶？志摩满怀凄怆，不觉其言之冗而气之激，瞻彼弁髦，怒如捣兮，有不得不吐其愚以商榷于我诸先进之前也。摩少郚，不知世界之大，感社会之恶流，几何不丧其所操，而入醉生梦死之途，此其自为悲怜不暇，故益自奋勉，将悃悃幅幅，致其忠诚，以践今日之言。幸而有成，亦所以答诸先生期望之心于万一也。

这是彼时彼刻，身为一个中国学子最朴实的愿望，也是一个知识分子的良心。站在邮轮的甲板上，感受着轮船在广阔的大海中乘风破浪，莘莘学子们的心中也一定为身处在水深火热中的民族与国家担忧，但是即使狂风暴雨又能如何，他们一定会找到一条适合自己国家的前途之路，让昔日强盛的帝国再一次焕发它最美丽的容颜。

第二章 远渡重洋

【美国篇】

美国是一个怎样的地方呢?

它的历史很短,却用最短的时间迅速崛起,对于历史很长久却只在缓缓移动着步伐的中国来说简直是处于一个世界的两极。所以近代史上,我国不少年轻人都将目光投向了美国,渴望找到一条可以让国家快速崛起的捷径。

徐志摩也是如此。踏上美国土地的那一刻,他下定决心一定要刻苦学习,要在最短的时间内完成学业拿到文凭。

他去了美国东北地区马萨诸塞州的伍斯特市,就读于克拉克大学的历史系三年级。为了向心目中伟大的偶像致敬,他还为自己取了英文名字:汉密尔顿·徐,也是希望自己能够成为东方的汉密尔顿的意思。

在克拉克学习期间,徐志摩呈现出了勤奋、努力、向上的各种品质。因为初到美国,英文不好,他就发奋恶补,屋子里经常是各种英文笔记堆积如山,直到能与当地的同学交流为止。他还加入了克拉克的学生陆军训练团,与同学们辩论探讨学术与时事,并从中得到新的思想与感悟。

徐志摩在克拉克大学学习的时候选修了许多门课程,翌年6月,便以优异的成绩由克拉克大学毕业,获得学士学位和一等荣誉奖,此刻距离他入学也不过才10个月而已。同年9月,他进入哥伦比亚大学经济系修硕士学位，向着他做东方汉密尔顿的理想努力。

徐志摩在哥大主修的是经济学，但选修课程涉及广泛，有政治、劳工、民主、文明和社会主义等社会类的学科，而且在哥大期间，他对哲学也有了广泛的认知。

而他在哥大研究生院攻读经济学的这年，正值国内五四运动爆发，革命浪潮不仅影响了全中国，就连远在重洋之外的莘莘学子们也受到了影响，留学生们纷纷组织起来，开展各种爱国运动，徐志摩也首当其冲。而这并不仅在于言语上的激动，徐志摩还把这种热情投入到了日常的学习之中。他如饥似渴地去学习新的知识，希图在西方先进的政治经济文化和思想理论中寻求出一条适合中国的救国救民之路。

那正是一段充满情怀充满热血的大学时光，我想即使在许多年之后，徐志摩已经开始为世俗生活疲于奔命时，回想起这样一段大学时光，依旧是会热血沸腾的。这是一段充满了理想与希望的寻找光明之路，虽然前途漫漫，但是手中仍有火把可以坚持前行。

在美国求学这两年时间里，徐志摩像一块无止境的海绵一样不断地吸收新的知识。外面的世界很广阔，而他几乎是对所有的新鲜事物以及知识学科都产生了浓厚的兴趣，涉猎之广，即使是今日被全面培养的我们这一代年轻人亦是不能及的。爱因斯坦的相对论、塞尚的绘画、羌得拉波斯在植物学中的发现、爱尔兰的民族复兴、叔本华的唯心主义、尼采的哲学、罗素的主义……他学习生涯是有限的，但是几乎近代社会里西方的每一种思想、学说、主义他都想要有所了解。

而且他还对社会主义思潮也情有所钟,甚至被其他中国留学生们称为"布尔什维克"。

"我最初看到社会主义是马克思前期的,劳勃欧温一派,人道主义、慈善主义以及乌托邦主义是在一起的,正合我的脾胃。我最容易感情冲动,这题目够我发泄的。"

那时,徐志摩开始接触西方资本主义社会背后运行的机制与原理。而且那时他正好还看了一本揭露资本主义恶行的小说,小说里,芝加哥的一个制酱厂非法雇佣童工操作,有一个小孩不小心将手臂碾入了机器,与猪肉一起做成了肉酱,而且那家工厂的产品还远销各大城市,所以一周内大概至少数万人都吃到了人肉酱。徐志摩说:"肉酱厂是资本家开的,我不能不恨资本家。"

徐志摩从骨子里是有着诗人与生俱来的那种悲天悯人的情怀的,所以他会为了救国救民的理想踏上美国的土地,但是他的所学以及他在美国的所见所闻却让他心灰意冷。他是不愿意做资本家去压榨他的同胞的,所以当时的他茫然不知所措。

汉密尔顿、经济学、资本主义,似乎这些都与徐志摩断了联系,他很难再为了这些去努力刻苦地学习。突然间,似乎是自己曾经的理想将自己的灵魂给扭曲了,幸而他及时发现,可是他能不去听课记笔记,却不知道自己将来该何去何从。

徐志摩开始对哲学上的问题投入更多的关注。尼采与罗素的哲思仿佛给了他无穷的力量。这些"和平真理"成了徐志摩的精神支柱,让他仿佛是在旱季遇到了等待已久的甘霖。徐志摩曾这样评价尼采的著作:"我仿佛跟着查拉图斯脱拉登上了哲理的山峰,高空的清气在我的肺里,杂色的人生横亘在我的脚下。"然而毕竟尼采已经作古,不然依照徐志摩的性格一定会前去追随他的步伐。幸运的是,罗素还在。

勃兰特·罗素,英国著名的哲学家、思想家、数学家、社会活动家。他有着非常传奇的一生,出身于英国贵族家庭,祖父约翰·罗素勋爵在维多利亚时代曾两度出任英国首相。罗素在四岁的时候失去双亲,是由祖母抚养长大的,祖母在道德方面有着极为严格的要求,曾以"不能随人作恶"题赠给罗素,这也成了罗素一生的座右铭。罗素是一位真正的学者,他一生都在为学术而奋斗,他既是逻辑分析学派的代表人物,也在 1950 年获得了诺贝尔文学奖,同时,他还一生都在为和平事业做着努力。

在哥大读书期间,徐志摩是非常认真地读过罗素的著作的。比如《社会的改造原则》《政治理想》《战争中的公理问题》《通往自由之路》《我们对外在世界的认识》等等。罗素那种不屈服于权贵,争取公正自由之精神,就好像一位乱世里的侠客一样,在徐志摩的心中留下了深刻的印象。他开始崇拜罗素、欣赏罗素,甚至,为了罗素放弃他在哥伦比亚大学的博士学位。

每次我读罗素的著作或是记起他的声音笑貌,我就联想起纽约城,尤其是吴尔吴斯五十八层的高楼。罗素的思想言论,仿佛是夏天海上的黄昏,紫云里不时有金蛇似的电火在冷酷地料峭地猛闪,在你的头顶眼前隐现!

矗入云际的高楼，不危险吗？一个半空的霹雳，便可将它锤成粉碎——震得赫真江边的青林绿草都战战兢兢地摇动！但是不然！电火尽闪着，霹雳却始终不到，高楼依旧在云层中矗着，纯金的电光，只是照出它的傲慢，增加它的辉煌。

【伦敦篇】

1920年，徐志摩像朝圣者一般踏上了前往英伦的邮轮，去寻求"和平真理"，去追随罗素的思想与哲学。也许，这一艘船，将会带给他另外一方天地——那是与美国完全不同的两个世界。

但是，在徐志摩到了伦敦后他才发现，罗素因为在第一次世界大战中主张和平、反对英国参加战争，被剑桥三一学院除名了。而此时的罗素，已经前往中国讲学，徐志摩就这样与他失之交臂。徐志摩满腔的热情被兜头浇了一盆冷水，令他失望至极。但他早已厌倦了美国那种枯燥的学习生涯，更痛恨美国资本家肆意剥削劳工的那种资本主义制度，他向往民主与自由，向往罗素的"简单而又无比强烈的三种激情主宰了我的一生：爱之渴望、知识的追求，以及对人苦难的同情"。

徐志摩在《我所知道的康桥》一文中，曾有过这样的回忆：

我这一生的周折，大都寻得出感情的线索。不论别的，单说求学。我到英国是要从罗素。罗素来中国时，我已经在美国。他那不确的死耗传到的时候，我真的出眼泪不够，还做悼诗来了。他没有死，我自然高兴。我摆脱了哥伦比亚大博士头衔的引诱，买船票过大西洋，想跟这位二十世纪的福禄泰尔认真念一点书去。

伦敦是那样一个雾都，它不似江南水乡的柔美，也不似北京街道胡同的深邃，没有美国高楼大厦的奔放，它的天空似乎永远笼罩在蒙蒙的灰色中，即使夕阳晚照，那本应火红的暮色也仿佛涂上了一层灰暗。它的风里永远夹杂着青草的气息，还有尘雾中那微暖的湿意。这里是一个似乎随时都像是要老去，却处处昭示着自己的繁华与新生的工业城市。它现代化，却又不失文艺与怀旧，繁华与清新同时并存在这个城市里。这里好像一场梦境，天边的一朵云，走过的一座桥，身边那土黄色的古旧建筑，所有的一切，都在向徐志摩昭示着这里好像只是他的一场梦，他在梦里一不小心，就迷失了。

罗素大师是见不到了，徐志摩无法，只好转入伦敦大学继续攻读政治经济学博士的学位，师从赖世基教授。那时，远在大洋彼岸的徐申如对徐志摩的擅自离美赴英非常震惊，但是鞭长莫及，明明已经怒火极盛，却也无可奈何。徐志摩给父亲写去了非常真挚地解释自己行为的家书，用来宽慰父亲。

更有一事为大人所乐闻者，即儿到伦敦以来，顿觉性灵益发开展，求学行为益深，庶几有成，其在此乎？儿尤喜与英国名士交接，得益倍蓰，真所谓学不完的聪明。儿过一年始觉一年之过法不妥，以前初到美国，回首从前教育如腐朽，到纽约后，回首第一年如虚度，今复悔去年之未算用，大概下半年又是一种进步之表现，要可喜也。伦敦天气也不十分坏，就是物质方面不及美国远甚，如儿住处尚是煤气灯而非电灯，更无热水管，烧煤而已，然儿安之……

试问，只此一个儿子的徐申如见到这样一封情真意切的家书，又怎么还能生气呢？他对于儿子那种积极向上的求学欲望，除了放心、支持，也再不会有其他的想法。

家书里有一句："儿尤喜与英国名士交接。"这句几乎可以概括徐志摩在英伦最为巨大的收获，以及他向欧洲学者们所展现的东方之美。他已经融入了英伦的社交圈，再也不是郁达夫笔下的那个"头大尾巴小，戴着金边近视眼镜的顽皮小孩"。他已经长成了一位清秀俊朗的青年，鼻梁上虽然仍旧架着金边近视镜，但是那却使得他更为儒雅，翩翩的风采间，他已经是西方人眼中古老东方的代表：神秘、慧黠、风趣，无一处不妥帖，无一处不完美，像一首抑扬顿挫的东方诗词。

在伦敦的时光里，如果说徐志摩最大的收获，那大概是结识了自己一生的知己朋友，而后又与不少英国名士建立了极为深厚的友谊。

某一日，他在学院食堂遇到了同样来自中国的留学生陈源，从此开启了自己的友谊之旅。陈源便是日后极有名气的文人陈西滢。不久后，徐志摩又结识了章士钊、刘半农、金岳霖、赵元任、林长民等人，他被英伦那种蓬勃而高贵的学术风气包围，对文学的渴望也愈发强烈了。同时，在好友们的介绍下，他又扩大了他的社交圈，并且有幸认识了英国作家威尔斯（H.G.Wells）、狄更生（G.L.Dickinson）、汉学家魏雷（Arthur Waley）、艺术家傅来义（Roger Fry）等人，跻身英国名流社交圈。

也许那时的徐志摩并没有意识到，他那颗要成为"汉密尔顿"的心正渐渐崩塌，而命运之神正向他招手，他正不知不觉地向着文学家的路移动。

"我的心是旷野的鸟，在你的眼睛里找到了天空。"

那是怎样的一天呢？也许清晨时分徐志摩只是洗漱过后坐在屋内写字，晨光透过玻璃洒在了书桌上。而他笔下的文字仿佛游龙，洋洋洒洒地便将心中的句子抒写出来。突然，有汽笛声打破了沉寂，开门便看见，原来是陈西滢与章士钊来访，他们还给徐志摩介绍了同行的著名作家威尔斯先生。他将他们让进屋，与威尔斯先生就许许多多彼此感兴趣的话题展开了一场耗费时光的交谈，小说、诗歌、中国，所有的话题里他们似乎都有谈不完的话。他们一会儿激烈地辩驳，一会儿激昂地讨论，一会儿又激动地拥抱，一旁的陈西滢与章士钊几乎插不进嘴。那天威尔斯很晚才告别，还专门邀请了徐志摩去他的乡间别墅小住。

威尔斯先生是《世界史纲》的作者，他最喜欢写科幻与社会小说，并且还经常将这两种题材结合在一起。他一贯以社会为蓝本创作小说，而后在小说里给予那些社会上的丑恶以猛烈的抨击。这种思想，有意无意地影响了徐志摩，让他意识到，即使是手中的笔，也可能是改变社会的利器，而文学那强大的力量，说不定才能改变一个社会，才能让人们从心底里得到最根本的救赎。

徐志摩成了威尔斯先生家的常客，他经常与威尔斯先生喝着酒，畅谈着文学或者家庭。那种仿佛总是能听见林间鸟鸣的日子让徐志摩心安，这与他之前在美国时的忙碌是两种完全不同的生活状态。他知道，对于英国，他已经有了太难割舍的东西。

在威尔斯先生的介绍下，徐志摩还有幸认识了当时英国从事中国文学研究的汉学家魏雷。魏雷先生对于徐志摩的出现几乎是惊奇且如获至宝的。他们在一起讨论中国的古典文学，唐诗里那些难以理解的疑难问题，经过徐志摩的解释在魏雷先生面前终于豁然开朗。徐志摩送给魏雷先生一本温飞卿的诗集，还给他推荐了鲁迅的《中国小说史略》，并寄送了一本。

魏雷先生也对徐志摩走上新文学之路产生了很大的影响，通过和魏雷先生的一次次讨论、见面，徐志摩也收获了许多对世界文学的认识。那是灵魂的一种惊喜碰撞，仿佛他们在一起就会有无数的感想冒出来，灵感源源不断。

1940年时，徐志摩已经去世多年，魏雷先生仍对他念念不忘，提笔写下了《欠中国一笔债》来怀念当年与徐志摩的情谊：

以往多年来，中国学生一直在英国接受工业教育。在剑桥大学那一班，大部分来自新加坡，他们当中许多人不能说中文，写就更不用谈了。大战过后，有一位在中国已略有名气的诗人到了剑桥。他似乎一下子就从中国士子儒雅生活的主流跳进了欧洲的诗人、艺术家和思想家的行列。这个人就是徐志摩。

……

徐志摩把自己当作中国的拜伦，然而就天性而论，他并不适合扮演这个角色。他那瘦长脸孔没有一点儿拜伦气息；他那倔强的下巴，似乎更明显地表露出他要我行我素的生活决心，而且他也没有丝毫沾染拜伦式的愤世嫉俗。

……

我们对中国的文学艺术所知不少了，也略懂二者在古代中国人中所起的作用，但是我们却不太清楚文学和艺术在现代中国有教养的人士中的地位如何。我们从徐志摩身上学到的，就是这方面的知识。

……

我已经说过了，徐志摩是中国在战后给我们知识界的一项影响。

徐志摩的存在，就像一扇窗，给西方世界的学者们展示了新一代的中国青年到底是什么样子。让他们对中国青年的理解不再仅仅停留在古代文学或是长衫长辫的士子形象上，而是如徐志摩这样儒雅、机敏、博学且优雅。

徐志摩去参加伦敦国际联盟协会的演讲会时很偶然地结识了英国著名作家狄更生。这也许就是所谓的缘分，在美国时，徐志摩就曾读过狄更生先生的书，像《一个中国人的通信》等等。狄更生是一位非常受人欢迎的作家，同时，他还是一位非常关注民生，反对种族偏见，致力于人类和平共处的思想家。无论在文学上还是在世界观上，狄更生与徐志摩之间都有太多的相同，所以两个人很快就成为了忘年交。而且狄更生对于中国文化非常感兴趣，他对于中国古典文化中的老子思想非常认同，而这与徐志摩简直不谋而合。

后来经过狄更生的介绍，徐志摩又认识了已经颇有名气的新派画家傅来义，两人也很快成为了挚友。傅来义与魏雷先生一样，非常喜爱中国的文化与艺术，他经常与徐志摩就东西方的艺术、信仰、哲学等等问题展开探讨，并且将徐志摩领进了西方现代艺术的世界。

不久后，徐志摩又认识了另外一位文坛大家嘉本特（Edward

Carpenter）。那时，嘉本特先生已经接近 80 高龄，思想上却依然激进得如同一个青年。他倡导自由婚姻，鼓励自由离婚，这些与传统相悖的观点一定程度上还是影响了徐志摩的。

徐志摩初到英伦的社交几乎是非常流畅且顺利的，就如同他一直以来顺风顺水的生活一样，他携带着东方的古典文化、东方的儒雅，来到了西方社会，并且收获了一个又一个现在看来享誉世界文坛的朋友。东西方思想的碰撞创造出了许多灵感的火花，缪斯女神眷顾着徐志摩，将他一步步牵引向一条通往文学的道路。

我们已知，徐志摩之所以要离美赴英，是因为罗素。而罗素早在 1916 年便被剑桥大学因为其反抗权威和一些私人原因给解职了。此后罗素去了苏联、中国等许多国家，宣扬他的和平精神。1920 年 6 月时，罗素访问苏联后，写了《布尔什维克主义之理论与实践》一书，徐志摩读完后紧跟着写了一篇《罗素游俄记书后》。这篇文章在寄回国内后由梁启超在其主编的《改造》杂志发表。这篇文章里，徐志摩对于罗素的倾慕之情溢于言表，同时他还在文章里具体阐述了罗素的和平主义思想，为国内的读者具体介绍罗素的思想。

1921 年时，罗素携第二任妻子杜拉回到了英国。徐志摩几乎是迫不及待地给罗素去了一封信：

"欧格敦先生把尊址赐告，但未悉此信能否顺利到达。您到伦敦要是能惠一音便安排一个大家见面的时间，我将感激不尽。自到英国后我一直渴望找机会见您。我愿在此向您表示我的热忱,并祝蜜月旅行愉快。"

终于,信寄出的几天后的一个下午,徐志摩得偿所愿,见到了罗素先生。就像是一种在心里做了许久的梦终于实现,与罗素先生的见面对于徐志摩来说意义非凡。他一直以来对罗素先生的存在可以用神往一词来形容,而罗素先生——一位"始终关注人类和平与命运的伟大思想家,才华横溢、幽默谐趣而又桀骜不驯的长者,对中国怀有深厚感情的友人",他对于这样一位来自中国的有思想有抱负的青年,自然也是非常喜欢。

自那日后,徐志摩成了罗素先生家的常客。

而且,罗素先生的种种观点极大地影响了徐志摩,并不只在于社会思想方面上的诉求,甚至连罗素先生对于爱情与婚姻的看法也极大地影响了徐志摩,让他开始审视他还没有开始爱过,却已经有了结果的婚姻。或许在那一刻,徐志摩在自己的偶像面前开始感到羞愧——为了他从未经历过的爱情,为了他向现实的婚姻做出了最无所谓的妥协。

思想上的巨大压力,大概一直到他遇到他这辈子第一个真心爱上的人之后,才会消失吧。

这个人,大概就是林徽因。那时,徐志摩结识了林徽因的父亲林长民,两人一见如故。而林长民的女儿林徽因也随父亲来到了英国,徐志摩认识了林徽因之后,立刻为她所倾倒,陷入了自己人生里第一场爱情。

而彼时,他的妻子张幼仪已经到了伦敦,租住在沙士顿,照顾他的饮食起居。已经陷入自己所认为狂热爱情的徐志摩在此刻做了他此生中最重要的一个决定,和张幼仪离婚。他一边想要追求自己的爱情,另一方面,也无异于认为这是在同传统的封建礼教宣战。而此时的张幼仪已经怀有身孕,徐志摩却完全不顾道德、责任这些在他看起来比爱情渺小得多的东西了,在张幼仪拒绝离婚后他果断地不再回沙士顿的家里。无奈的张幼仪只好去巴黎投奔自己的哥哥张君劢。后来,她又辗转去了柏林,生下了他们的二儿子彼得。

第二年,徐志摩前往柏林去和张幼仪签下了离婚协议。

在1922年,徐志摩认识了他此生中第一个欣赏的异性——曼殊菲尔(Katherine Mansfield)。曼殊菲尔是英国女作家,出生于新西兰的惠灵顿,因为早年留学英国,所以后来一直在此定居。曼殊菲尔可以说是英国女作家中绽放着女神光辉样的人物,她仿佛天生有着令人着迷的气息,所有与她接触过的人都不禁为她倾倒。她笔下的文字令人读过后会有甘泉润过喉头的快感,也有着深夜里聆听竖琴的悠然惬意。

其实在见到曼殊菲尔之前,徐志摩就早已认识了她非正式结婚的丈夫麦雷,麦雷是英国的诗人与评论家,与徐志摩很有交情。所以其实徐志摩在见面之前,对曼殊菲尔就早已有了耳闻及向往。

To see a world in a grain of sand. And a Heaven in a wild flower hold Infinity in the palm of your hand. And eternity in an hour auguries of Muveence William Glabe.

这段文字在中文里被很有诗意地翻译为:"一沙一世界,一花一天堂,无限于掌中,永恒凝时光。"

可以想见,如此有才情的女子,在徐志摩的心底,仅仅是拜读文字,就已经陷入了深深的着迷与倾慕。他在一个特别的机会下，通过曼殊菲尔的丈夫麦雷，与曼殊菲尔有了一次"二十分不死"的会面。

"去年七月中有一天晚上，天雨地湿，我独自冒着雨在伦敦的海姆斯堆特问路惊问行人，在寻彭德街第十号的屋子。那就是我的初次，不幸也是末次，会见曼殊菲尔——那二十分不死的时间。"

日语里有个词写作中文是"一期一会"，觉得用来形容徐志摩与曼殊菲尔的会面应当较为合适。这一次会面，在徐志摩的心底留下了太多太多美好的回忆。他在《曼殊菲尔》的文章中这样写道：

至于她眉目口鼻之清之秀之明净，我其实不能传神于万一，仿佛你对着自然界的杰作，不论是秋月洗净的湖山，霞彩纷披的夕照，南洋里莹澈的星空，或是艺术界的杰作，培德花芬的沁芳南，怀格纳的奥佩拉，密克朗其罗的雕像，卫师德拉或是柯罗的画；你只觉得他们整体的美，纯粹的美，完全的美，不能分析的美，可感不可说的美；你仿佛直接无碍地领会了造作最高明的意志，你在最伟大深刻的戟刺中经验了无限的欢喜，在更大的人格中解化了你的性灵。我看了曼殊菲尔像印度最纯澈的碧玉似的容貌，受着她充满了灵魂的电流凝视，感着她最和软的春风似神态，所得的总量我只能称之为一整个的美感。她仿佛是个透明体，你只感讶她粹极的灵彻性，却看不见一些杂质……

及至后来，也就是1923年，年仅35岁的曼殊菲尔在法国病逝的时候，徐志摩已经回国。待听到消息，他那曾经最纯净的梦幻样的相会却变成了第一面也是最后一面。他一时动情，将哀伤化作了文字，写成了一首《哀

曼殊斐尔》:

  我昨夜梦入幽谷,
  听子规在百合丛中泣血,
  我昨夜梦登高峰,
  见一颗光明泪自天堕落。
  我与你虽仅一度相见——
  但那二十分不死的时间!
  谁能信你那仙姿灵态,
  竟已朝露似的永别人间?
  非也!生命只是个实体的幻梦:
  美丽的灵魂,永承上帝的爱宠;
  三十年小住,只似昙花之偶现,
  泪花里我想见你笑归仙宫。
  你记否伦敦约言,曼殊菲尔!
  今夏再见于琴妮湖之边;
  琴妮湖拥抱着白朗矶的雪影,
  此日我怅望云天,泪下点点!
  我当年初临生命的消息,
  梦觉似的骤感恋爱之庄严;
  生命的觉悟是爱之成年,
  我今又因死而感生与恋之涯沿!
  因情是掼不破的纯晶,
  爱是实现生命之唯一途径:

> 死是座伟秘的洪炉，此中
> 凝炼万象所从来之神明。
> 我哀思焉能电花似的飞驰，
> 感动你在天日遥远的灵魂？
> 我洒泪向风中遥送，
> 问何时能戡破生死之门？

其后，徐志摩将曼殊菲尔的小说翻译成中文并出版，当作对早逝女作家的另一种尊敬与纪念。

可以说，徐志摩走上文学之路，与他在伦敦的生活是有很大关系的。在伦敦他与众多知名作家相识，大家带着他走上了一条利用文学来抒发自己心底愿望或者说情感的道路。他得到了众多名家的指点，并且大规模地阅读了海量西方优秀作家的诗歌散文小说等文学著作。

也许，正是因为伦敦的生活，让他走上了另外一条属于我们所熟知的徐志摩的路。

【康桥篇】

在许多国人的心目中，徐志摩这个名字，是与《再别康桥》这首诗紧紧相连的。而不少国人对于康桥也即现在叫法为剑桥这个地方的了解，始于那首《再别康桥》。

真的很难说是徐志摩成就了康桥，还是康桥成就了徐志摩。

康桥对于许多国人来说已经变成了一种文化意义的心理象征，它是那样浪漫又忧伤的代名词，而对于徐志摩来说，也许他一生中最美好的时光，便是康桥时光。这里是他的情感归宿地，更是他的精神归宿地。

1921年，在狄更生先生的推荐下，徐志摩以特别生的身份进入了康桥大学的皇家学院学习。

"我一直认为，自己一生最大的机缘是得遇狄更生先生。是因为他，我才能进到康桥享受这些快乐的日子，而我对文学艺术的兴趣也就这样固定成型了。"

康桥是一个非常宽松而又自由的环境，在这里，徐志摩的生活里似乎只剩下了诗意。他曾经满是怀念地回忆这段时光，在《吸烟与文化》的小文里说：

"我在康桥的日子可真是幸福，深怕这辈子再也得不到那样蜜甜的机会了。我不敢说康桥给了我多少学问或是教会了我什么。我不敢说受了康桥的洗礼，一个人就会变气质，脱凡胎。我敢说的只是——就我个人说，我的眼是康桥教我睁的，我的求知欲是康桥给我拨动的，我的自我的意识是康桥给我胚胎的……在美国我忙的是上课，听讲，写考卷，啃橡皮糖，看电影，赌咒，在康桥我忙的是散步，划船，骑自行车，抽烟，闲谈，吃五点钟茶牛油烤饼，看闲书。如其我到美国的时候是一个不含糊的草包，我离开自由神的时候还是那原封没有动；但如其我在美国的时候不曾通窍，我在康桥的日子至少自己明白了原先只是一肚子颟顸。这分别不能算小。"

而也就是在康桥那样一个地方，在康桥和软的春风里，在康桥如丝的雨雾里，徐志摩仿佛找到了那深埋在心底里的灵感，也认识了属于他生命的缪斯女神，他的一生所爱——林徽因。

他开始写诗，用诗歌来写他的康桥，用诗歌来宣泄他的爱情。他生命的信仰在此被推开了大门，明亮的光芒照进他原本略为沉闷的世界。康桥的灵性在徐志摩的眼中是如同情人般存在的，每一个清晨、黄昏，每一个康河里泛着柔柔波光的日子里，他漫步于此，便可以得到心灵上的宁静与慰藉。

"康桥的灵性全在一条河上；康河，我敢说是全世界最秀丽的一条水。河的名字是葛兰大，也有叫康河的，许有上下游的区别，我不甚清楚。河身多的是曲折，上游是有名的拜伦潭——当年拜伦常在那里玩的；有一个老村子叫格兰骞斯德，有一个果子园，你可以躺在累累的桃李树荫下吃茶，花果会掉入你的茶杯，小雀子会到你桌上来啄食，那真是别有一番天地。这是上游；下游是从骞德斯顿下去，河面展开，那是春夏间竞舟的场所。上下河分界处有一个坝筑，水流急得很，在星光下听水声，听近村晚钟声，听河畔倦牛刍草声，是我康桥经验中最神秘的一种：大自然的优美、宁静，调谐在这星光与波光的默契中不期然的淹入了你的性灵。"

这些英国的时光，让徐志摩渐渐发现了那些属于他自己天性的东西，也将他带入了文学的道路。他的人生，注定是与诗歌为伴的。只是，这样的日子虽然很美，但是他毕竟是孤独的，情感上以及精神上。虽然他那孤独的性格让他离开了喧嚣的尘世，仿佛获得了自己最为纯粹的性灵的享受，但是人毕竟是社会动物，这样久了难免落寞。

徐志摩决定离开英国回到中国去。至于是否还会来康桥，是否还要学位，当时的他并没有想清楚，或者说没有想那么多。就如同他那句话说的一样——"我这一生的周折，大都寻得出感情的线索"。他离开了英国，又一次放弃他的博士学位，而这一次的感情线索，大概就是林徽因。

在离开时，徐志摩写了一首《康桥再会吧》。这首诗也许并不如后来的《再别康桥》那么有名，但它确实是徐志摩彼时心情的最好写照。

康桥，再会吧；
我心头盛满了别离的情绪，
你是我难得的知己，我当年
辞别家乡父母，登太平洋去，
（算来一秋二秋，已过了四度春秋，
痕迹在海外，美土欧洲）
扶桑风色，檀香山芭蕉况味，
平波大海，开拓我心胸神意，
如今都变了梦里的山河，
渺茫明灭，在我灵府的底里；
我母亲离别的泪痕，她弱手
向波轮远去送爱儿的巾色，
海风咸味，海鸟依恋的雅意，
尽是我记忆的珍藏，我每次
摩按，总不免心酸泪落，便想

理箧归家,重向母怀中匍伏,
回复我天伦挚爱的幸福;
……

恍登万丈高峰,猛回头惊见
真善美浩瀚的光华,覆翼在
人道蠕动的下界,朗然照出
生命的经纬脉络,血赤金黄,
尽是爱主恋神的辛勤手绩;
康桥!你岂非是我生命的泉源?
……

第三章　新月之光

古语说，梁园虽好非久恋之乡，算一算，1922年8月徐志摩决定回国时，他已经离开家四年之久了。

其实在归国前还有一段小插曲：徐志摩8月底去柏林向张幼仪辞行。那时候，林徽因的不告而别和杳无音讯让他在等待中变得哀愁，而面前张幼仪却是极体贴的。两人是夫妻时还彼此不合，但离了婚之后却反而通信密切，关系好转。

分手，甚至是离婚之后，还能成为亲密的朋友，大抵两个人之前是没有爱情的，或者就是其中一人爱得至深。不知该怎样评价这样一段感情。或许张幼仪与徐志摩在一起时本就没有爱意，又或者如张幼仪后来所说，"说不定我最爱他"。

告别张幼仪及幼子后，徐志摩取道巴黎、马赛而后乘坐轮船漂洋回国。

他乘坐的是日本远洋客货轮三岛丸号，当轮船停泊在马赛港口时，地中海的潮湿空气也浸润了如今的徐志摩。属于马赛这座城市的历史和现实都在冲击着他，他看到了莱茵河边的难民，他看到了大战过后这里的凄惶。此情此景，让他对故国和故乡更加思念。

马赛，你神态何以如此惨淡？
空气中仿佛释透了铁色的矿质，

你拓臂环拥着的一湾海,也在迟重的阳光中,
沉闷地呼吸;
一涌青波,一峰白沫,一声呜咽

......

马赛,你面容何以如此惨淡?
这岂是情热猖獗的欧南?
看这一带山岭,铸成天然城堡,
雄闳沉着,
一床床的大灰岩,
一丛丛的暗绿林,
一堆堆的方形石灰屋——
光土毛石的尊严——
无愧是水让神感的故乡,
廓大艺术是灵魂的手笔!

......

百年来野心迷梦,已教大战血潮冲破;
如今凄惶遍地,兽性横行;
不如归去,此地难寻干净人道,
此地难得真挚人情,不如归去!

——《马赛》

归家的这一路,于徐志摩来说是有些矛盾的。毕竟他要从康桥那样一

个精神家园回到属于他的现实世界；但他也有所向往，毕竟他已脱胎换骨，这是另外一个新的徐志摩，将踏上那方故土。眼前的大海还是昔日的那片大海，海天交界处，是夕阳染红的云层。思绪翻滚，有童年的过往，有康桥的瑰丽，有他的爱情，还有他的落寞。

昨夜中秋黄昏时西天挂下了一大帘的云母屏，掩住了落日的光潮，将海天一体化成暗蓝色，寂静得如黑衣尼在圣座前默祷。过了一刻，即听得船梢布篷上啜泣起来，低压的云夹着迷蒙的雨色，将海线逼得像湖一般窄，沿边的黑影，也辨认不出是山是云，但涕泪的痕迹，却满布在空中水上。

……

我小的时候，每于中秋夜，呆坐在楼窗外等看"月华"。若然天上有云雾缭绕，我就替"亮晶晶的月亮"担忧。若然见了鱼鳞似的云彩，我的小心就欣欣怡悦，默祷着月儿快些开花，因为我常听人说只要有"瓦楞"云，就有月华；但在月光放彩以前，我母亲早已逼我去上床，所以月华只是我脑筋里一个不曾实现的梦，直到如今。

现在天上砌满了瓦楞云彩，霎时间引起了我早年许多有趣的记忆——但我纯洁的童心，如今哪里去了！

这段是引自当时徐志摩在船上所写的《印度洋上的秋思》。海上航行是漫长的，可是他却在枯燥里寻找着安宁与自己幼年时的梦。可以想见，在那样一个个烦闷的白天与夜晚，在只能面对海天白云时，徐志摩的所有生活都被他交付给自己的文思与诗意。也许，这些文学的灵感，才是伴随他孤独旅程的最好朋友。

1922年10月15日，徐志摩所乘坐的这艘三岛丸号货轮抵达了上海港，徐志摩结束了漫长的海上航行。

在上海，徐志摩见到了父母，见到了诸位亲朋。他蓦然发现原来父亲的鬓边已经添了星星点点的白发；儿行千里母担忧，母亲也恍然不是过去心中的模样。其实中国古代一直有一句老话，"父母在，不远游"，大抵那一刻，他从未觉得这句话竟也这样对过。而他的长子阿欢也到了会满地跑的年纪，他却仿佛错过了儿子生命中太多重要的时刻。

刚刚归国的那段日子里，徐志摩除了陪伴家人外，还见到了许多亲朋。只是，他迫不及待地想要见到的是林徽因。谁知斯人未见，他却听到了一个晴天霹雳般的消息——林徽因已经与他的恩师梁启超的儿子梁思成定下了婚约。

但是这个消息并没有让徐志摩死心，只是婚约而已，那么也就是说他还有机会。

但是彼时的徐志摩仔细地审视了自己，他刚刚回国，还没有一份正式的工作，事业上无任何成就。虽然顶着康桥高材生的名声，却又无声望又无地位。而再看周围一众亲友，都是社会上极为杰出的人物。故而，徐志摩决定用自己的能力，开创一番事业，以证明他绝对有资格去追求林徽因。

回国后不久，徐志摩陪同父亲去南京参加成贤学舍的讲学活动。成贤学舍是当时国内极为著名的研究佛经的最高学府，由佛学大师欧阳竟无先生主持，吸引了全国各地的学者纷纷前来。

南京是一座带着历史的厚重与江南的柔美的城市，那时徐志摩常会去玄武湖看蒹葭苍苍，去紫金山听晨钟暮鼓。玄武湖边的芦苇被月色映衬，仿佛镀上了一层银色的光芒，而思绪与灵魂在此刻仿佛静止。徐志摩将那景色称之为"秋之魂"，将那神奇的体验用英文写成了散文《月照与湖》，不久后寄给了林徽因。

那时，梁启超先生恰好也在南京授课讲学，也时常会去欧阳大师处。徐志摩拜谒恩师的时候，梁启超先生对他提了一个有关振兴中国文化的计划。这个计划在当时得到了许多政界人士以及文化界人士的支持。对于恩师的提议，徐志摩自然十分认同。经过在英国的那段时间，徐志摩早已将"东方汉密尔顿"的理想遗失在了大洋彼岸，但是以文化强国，为"中国的文艺复兴"贡献自己的一份力，这个却是徐志摩所能够做的。

恩师的话，给徐志摩打开了生命中的一扇窗，让他仿佛有了明确的方向——这个方向有关文学，有关他为之奋斗的梦想。

如果说当年徐志摩在求学、留学的过程中都一定程度上依靠了家里为他出重资铺平道路的话，那在文学界的努力徐志摩确实是自己一步一步闯出来的，与他的家庭家族毫无关联。他和所有的文学青年一样，努力写作，然后四处去向人投稿，带着自己的得意心血之作去拜访报社的朋友……

1923年初，徐志摩在《晨报副刊》《时事新报·学灯》等杂志发表了许多诗文。因为徐志摩的风格透着中国文坛所不曾见过的清新、自由，在当时的诗坛可谓独树一帜，很快就被许多人关注到。在旧学术日渐颓败的年代，徐志摩俨然已经扛起了新文学的大旗，成为了探索新文学的领头人。他用自己特有的诗歌形态不断地去探索新时期文学的形式、内容，为新文学的发展开疆拓土。

在这样的背景下，徐志摩受到青年学生们的关注自然是无可避免的。当时梁思成受了彼时清华文学社学生梁实秋的委托，写信邀请徐志摩去清华大学为文学社做一个演讲。徐志摩欣然接受邀请，旋即北上，开始了他回国后渐渐走上前台的文学生涯。

车轮滚滚，当来到阔别已久的北京时，徐志摩大概深深地吸了口那属于北方清冷的气息。这是一种熟悉的味道，亦是他对自己所坚信的新文学未来之开始。

演讲那日，清华的高等科小礼堂里挤满了几百名慕名而来的听众，学生们都想一睹那位报纸上的新诗领头人的风采，听他讲一讲西方先进的文化。只是同学们却只看到了一位"白白的面孔，长长的脸，鼻子很大，而下巴特长，穿着一件绸夹袍，加上一件小背心，缀着几颗闪闪发光的纽扣，足蹬一双黑缎皂鞋，风神潇洒，旁若无人"的徐志摩飘然而至。这装扮显然与同学们心中那个洋派的康桥留学归来的高材生并不一样，礼貌而热烈的掌声过后，徐志摩开始了他的演讲。

用后来梁实秋的话来说："这回演讲是失败的，我们都很失望。"

这场演讲，徐志摩的表现确实是出乎意料，他从头到尾用带着维多利亚式句法的古老英文照稿朗诵，而且话语中多的是愤世嫉俗，底下的听众们变为了观众，很少人能够很明白地理解他的演讲。但很明显的是，徐志摩当时激烈的言辞里对中国的尖锐指责，以及对西方文化学术的盲目崇拜，是爱国学生们所不愿意看到的。学生们是想要了解有关西方之先进文化，而不是一个归国学子拿着洋腔洋调的傲慢指责。

倘若不首先指斥我们每个人都不得不随遇而安的现行社会状况，艺术或人生便无从谈起；而对社会现状的抨击，无论怎样激烈也不会过分……我们所知的这个社会，则是一潭死水，带着污泥的脏黑，成群结队的虫蝇在它上方嗡嗡营营，在四周拥挤嘈杂，只有陈腐和僵死才是它的口味。确实，不只是极端愤世嫉俗的人才会断言，在中国，人们看到的是一个由体质上的弱者理智上的残废道德上的懦夫以及精神上的乞丐组成的堂皇国家。

以上是徐志摩在这场名为《艺术与人生》的演讲中的节选。他的这种观点无疑带着他当时的愤世嫉俗，也一定程度上有着他自己的理想主义。

1923年的早春，通过梁启超先生的介绍，徐志摩去了北京西单牌楼石虎胡同七号的松坡图书馆担任英文干事，主要负责中外文馆的翻译工作。这是一座京味十足的四合院，相传曾是吴三桂的旧宅，后来又成了清代大臣裘文达的府邸。庭院里有百年的古槐参天，每年四月便有烂漫肆意的西府海棠……所有的周遭一切环境，都是那样的古朴悠然，令人沉醉。

我们的小园庭,有时荡漾着无限温柔;
善笑的藤娘,袒酥怀任团团的柿掌绸缪,
百尺的槐翁,在微风中俯身将棠姑抱搂,
黄狗在篱边,守候熟睡的珀儿,它的小友,
小雀儿新制求婚的艳曲,在媚唱无休——
我们的小园庭,有时荡漾着无限温柔。

我们的小园庭,有时淡描着依稀的梦景;
雨过的苍茫与满庭荫绿,织成无声的幽冥,
小蛙独坐在残兰的胸前,听隔院蚓鸣,
一片化不尽的雨云,倦展在老槐树顶,
掠檐前作圆形的舞旋,是蝙蝠,还是蜻蜓——
我们的小园庭,有时淡描着依稀的梦景。

我们的小园庭,有时轻喟着一声奈何;
奈何在暴雨里,雨槌下捣烂鲜红无数,
奈何在新秋时,未凋的青叶惆怅地辞树,
奈何在深夜里,月儿乘云艇归去,西墙已度,
远巷薤露的乐音,一阵阵被冷风吹过——
我们的小园庭,有时轻喟着一声奈何。

我们的小园庭,有时沉浸在快乐之中;
雨后的黄昏,满院只美荫,清香与凉风,

> 大量的蹇翁,巨樽在手,蹇足直指天空,
> 一斤,两斤,杯底喝尽,满怀酒欢,满面酒红,
> 连珠的笑响中,浮沉着神仙似的酒翁——
> 我们的小园庭,有时沉浸在快乐之中。
>
> ——《石虎胡同七号》

在小园庭里的外文翻译工作对徐志摩来说是轻松而自如的,所以那时徐志摩有大量的时间用于写作和交友方面。他四处投稿发表诗文,并且主动去结交许多志趣相合的朋友。徐志摩的诗因为清新俊秀,加上形式多变,让国内文学界不由眼前一亮。

而那篇让清华学生们感觉极为不好的演讲稿《艺术与人生》也被创造社的《创造季刊》采用。那时的创造社因为有老同学郁达夫在,故而徐志摩很快就融合进去了,总想着可以就此开辟出一方属于中国文艺复兴的新天地。

徐志摩的理想主义和愤世嫉俗同样体现在他的诗文写作中,但是这种浪漫的理想主义对于现实而言,毫无实际意义,所以徐志摩的作品在当时遭到了鲁迅等写实派的作家文人的抵触。

其实徐志摩非常热衷于交友,尤其是那些很有名的文人,比如说胡适。

当时,鲁迅在社会上名声高涨,堪称现代派的文学之父,所以徐志摩一心想与鲁迅结识,引以为文坛知己。只可惜鲁迅却并不卖他面子。

鲁迅的文章铿锵有力,每一笔都恨不得直指中国旧社会的咽喉,讽刺

那些吃人的礼教。而徐志摩的文章恰恰相反，多的是风花雪月和个人情感，他又尤其擅长写诗，故而行文随意缥缈，颇有华而不实的感觉。鲁迅恰恰最是讨厌这一点。

但徐志摩一心结交，就一厢情愿地往鲁迅创办的刊物《语丝》上投稿。他翻译了法国现代诗人夏尔·波德莱尔（Charles Baudelaire）的文集《恶之花》当中的一首诗，加上自己对这首诗的读后感后来发表在《语丝》上，并在其中大谈"神秘主义"：

我深信宇宙的底质，人生的底质，一切有形的事物与无形的思想的底质——只是音乐，绝妙的音乐。天上的星，水里泅的乳白鸭，树林里冒的烟，朋友的信，战场上的炮，坟堆里的鬼磷，巷口那只石狮子，我昨夜的梦……无一不是音乐。你就把我送进疯人院去，我还是咬定牙根不认账的。是的，都是音乐——庄周说的天籁地籁人籁；全是的。你听不着就该怨你自己的耳轮太笨，或是皮粗，别怨我……

以今日的观点看来，徐志摩的文章里大抵是充斥着那些令人牙酸的小清新，这些小清新看到了鲁迅的眼中，便有些无病呻吟了。而鲁迅也颇有些类似那种专毁各类小清新的刽子手，在当时模仿了徐志摩的笔触，惟妙惟肖地写了一篇"神秘主义"的文章，名为《"音乐"？》来"回敬"徐志摩，整篇文章还颇为形神兼备。

 感悲而残忍的金苍蝇，展开馥郁的安琪儿的黄翅，，颉利，弥缚谛弥谛，从荆芥萝卜丁 洋的彤海里起来。Brrrr tatata tahi tal 无终始的金刚石天堂的娇裊鬼荥黄，蘸着半分之一的北斗的蓝血，将翠绿的忏悔写在腐烂的鹦哥伯伯的狗肺上！你不懂么？呦！吁，我将死矣！婀娜涟漪的天狼的香而秽恶的光明的利镞，射中了塌鼻阿牛的妖艳光滑蓬松而冰冷的秃头，一匹黯 欢愉的瘦螳螂飞去了。哈，我不死矣！无终……咦，玲珑零星邦滂砰珉的小雀儿呵，你总依然是不管什么地方都飞到，而且照例来唧唧啾啾地叫，轻飘飘地跳么？

全文当真算是字字句句都是软刀子，刻薄至极。其实说到底，鲁迅与徐志摩到底本就不是一路人，气息并不相投。徐志摩所能接触到的，都是上流社会的文艺腔调，无论是从小到大的生活环境或是出国留学，他最终所选择的路是一种为了艺术为了文学去歌唱的夜莺；而鲁迅先生是那种窥破了世间的丑恶，望见了社会底层在大时代里的无奈挣扎，故而想要用文字去呐喊，去治病救人的。

不得不说，徐志摩在许多方面都是理想主义的，这不只体现在他被鲁迅等现实派文人批判得体无完肤，还体现在他自己主动挑起的与郭沫若的那场"大战"。

在 1921 年 10 月的时候，郭沫若写过一首《重回故居》的诗，诗中有一节是这样的：

> 我和你别离了百日有奇，
> 又来在你的门前来往；
> 我禁不着我的泪眼滔滔，
> 我禁不着我的情涛激涨。

后来徐志摩在胡适创办的《努力周报》上发表了自己的《杂记（二）坏诗，假诗，形似诗》一文，那篇文章在收尾处，徐志摩写了如下这一段：

我记得有一首新诗，题目好像是重访他数月前的故居，那位诗人摩按他从前的卧榻书桌，看看窗外的云光水色，不觉大大的动了伤感，他就禁不住"……泪眼滔滔"。

固然做诗的人，多少不免感情作用，诗人的眼泪比女人的眼泪更不值钱些，但每次流泪至少总有些相当的缘故。踹死了一个蚂蚁，也不失为一个伤心的理由。现在我们这位诗人回到他三月前的故寓，这三月内也不曾经过重大变迁，他就使感情强烈，就使眼泪"富余"，也何至于像海浪一样滔滔起来。

……

故而当时文章一经刊出，就有创造社的成员愤然指责，郭沫若也很快得知，并写信告知了创造社元老成仿吾。成仿吾素来有"黑旋风"之称，脾气极刚烈，身为创造社的元老，觉得如此指责郭沫若，便是指责创造社。故而他提笔写了一封绝交信，将那封信刊发在了《创造周报》上：

我由你的文章，知道你的用意，全在攻击沫若的那句诗，全在污辱沫若的人格……你把诗的内容都记得那般清楚（比我还清楚），偏把作者的姓名故意不写出，你自己才是假人……我所最恨的是假人，我对于假人从来不客气，所以我这回也不客气地把你的虚伪在这里暴露了，使天下后世人知道谁是虚伪，谁是假人……你一方面与我们周旋，暗暗里却向我们射冷箭。

此处还有一个背景便是，徐志摩因为郁达夫的关系这一两月内一直与创造社交好，但同时又与胡适极为亲近。而创造社与胡适又不和，故而在创造社成员眼里，徐志摩这无疑是与创造社周旋而后又暗地里来黑创造社了。更何况徐志摩才与创造社交好一两个月，便公开批评起人家的诗歌，而且这位被批评的郭沫若，又是徐志摩初入创造社时所大力赞美的人，而且在这批评里，情绪化的批评显然更大于文艺评论范畴，故而徐志摩陷入了被创造社成员群攻的局面。

　　就这样，徐志摩与郭沫若在报纸上相互撰文批判、反驳，文字上几乎可以说是刀剑相向。

　　最后，那场骂战以徐志摩的一篇《天下本无事》来结束：

　　我恭维沫若的人，并不妨害我批评沫若的诗；我只当沫若和旁人一样，是神圣不可侵犯的。我说"泪浪滔滔"这类句法不是可做榜样的，并不妨害我承认沫若在新文学里是最有建树的一个人。

　　只是这明显带着讨好以及请求休战的文章并没有换来创造社成员的原谅，自那以后，创造社除了郁达夫这位好友外，其他人与徐志摩几乎可以算作是老死不相往来了。文学上也再无交集。

　　而对于徐志摩来说，经过这些骂战后，他反而收获了文坛的名气，许多人都开始知道他、认可他。

　　他自己也越发地开始怀念在英国的那些日子，还有国外的沙龙，大家平和地为文学、艺术、各种兴趣而组成了圈子，大家都是自愿参加，各抒己见,气氛也是其乐融融,没有争斗。

所以,在1923年3月,在徐志摩的热心周旋下,以胡适、黄子美、陈西滢、张君劢、林长民等人为主要成员的新月社,在石虎胡同七号成立了。

最初,新月社的创办目的并不在于文学创作,仅仅是排演戏剧。那会儿也没有组织系统的活动,大家都将它称为"聚餐会",也就是每两周聚餐一次,在一起或吟诗作画,或举办娱乐活动。当时徐志摩十分醉心于传统戏曲,经常习唱京、昆,故而这聚餐会还被称为"双星社"。

我们当初向往的是什么呢?当然只是书呆子们的梦想!我们想做戏,我们想集合几个人的力量,自编戏自演,要得的请人来看,要不得的反正自己好玩。

我们几个创始人得承认在这两个月内我们并没有露我们的棱角。在现今的社会里,做事不是平庸便是下流,做人不是懦夫便是乡愿。这露棱角(在有棱角可露的)几乎是我们对人对己两负的一种义务。

几个爱做梦的人,一点子创作的能力,一点子不服输的傻气,合在一起,什么朝代推不翻,什么事业做不成?当初罗刹蒂一家几个兄妹合起莫利思朋琼司几个朋友,在艺术界里新打开了一条新路,萧伯纳卫伯夫妇合在一起在政治思想界里也就开辟了一条新道。

——《致新月社的朋友》

但是他们真正开始排演戏剧,是在得知了泰戈尔即将访华之际。泰戈尔访华对于中国文坛来说算是一件大事,泰戈尔是享誉世界的著名诗人、哲学家和民族主义者,1913年获得了诺贝尔文学奖,他是第一位获得这项荣誉的亚洲人。而且在泰戈尔的诗中，那些饱含了宗教与哲学思辨的见解，总令人念念不忘。

1923年初，由梁启超和林长民等人主持了讲学社，目的是将外国著名思想家的观点介绍到中国。那年春天，泰戈尔的助手英国人恩厚之（L.K. Elmhirst）来到北京，恰好与徐志摩谈起泰戈尔有意访华。因为梁启超也早有邀请泰戈尔来华的打算，故而双方一拍即合。

讲学社很快发信至印度邀请泰戈尔大师来华游历演讲，并且委托徐志摩安排一切欢迎事宜，以及聘请他担任泰戈尔在华演讲的翻译。

不久后，泰戈尔的回信传来，表示他欣然接受访华邀请。一时间内，国内的文化界沸腾了，报刊杂志纷纷报道此消息。

对于泰戈尔，徐志摩早在英国留学期间就有所耳闻了。泰戈尔的著作在1915年的时候就开始引入中国，并且对当时中国的新文学产生了非常大的影响。但是除了诗歌以外，徐志摩对泰戈尔的人格魅力更加认可：

泰戈尔在世界文学中，究占如何位置，我们此时还不能定，他的诗是否可算独立的贡献，他的思想是否可以代表印族复兴之潜流，他的哲学是否有独到的境界——这些问题，我们没有回答的能力。但有一事我们敢断言肯定的，就是他不朽的人格。他的诗歌，他的思想，他的一切，都有遭遗忘与失时之可能，但他一生热奋的生涯所养成的人格，却是我们不易磨翳的纪念。

——《泰戈尔来华》

徐志摩对于泰戈尔的到来感觉到非常欣喜，同时他又将属于他自己的工作做得极为妥帖。作为接待人员，他在给泰戈尔的信中，表现出了一位中国文学者对这位世界文坛顶尖人物的尊敬与仰慕，同样，他也在信里表达出了如同友人般的亲近与关切。

您的英文著作已大部分译成中文，有的还有一种以上的译本。无论是东方的还是西方的作家，没有一个像您这样在我们这个年轻的国家的人心中，引起那么广泛真挚的兴趣。也没有几个作家（连我们的古代圣贤也不例外），像您这样把生气勃勃的浩瀚无边的鼓舞力量赐给我们。您的影响使人想到春回大地的光景——是忽尔而临的，也是光辉璀璨的。

我国青年刚摆脱了旧传统，他们像花枝上鲜嫩的蓓蕾，只候南风的怀抱以及晨露的亲吻，便会开一个满艳；而你是风露之源，你的诗作替我们的思想与感情加添了颜色，也给我们的语言展示了新的远景，不然的话，中文就是一个苍白和僵化的混合体了。如果作家是一个能以语言震撼读者内心并且提升读者灵魂的人物，我就不知道还有哪一位比您更能论证这一点。这说明我们为什么这样迫切地等待您……

泰戈尔的访华计划本来是定在了1923年的10月，当时徐志摩已经订好了北京城西一间带有暖气和现代化设施的私宅作为泰戈尔的下榻之处，欢迎辞也已备好。只可惜后来泰戈尔发信给徐志摩，他因为病体未得康复所以访华日期不得不拖延至次年三月。这段等待时间是漫长的，国内相继出版了泰戈尔的著作，各个报刊杂志也刊发了许多介绍以及推崇泰戈尔的文章，用以为这位文坛大师的到来预热。

这其中，也包括徐志摩的这首新诗，《幻想》：

一

天空里幻出一带的长虹，
一条七彩双首乔背的神龙；
一头的龙喙与龙须与龙髯，
淹没在埂奇河春泛之獭湍，
一头的龙爪，下踞在河北江南，
饮啜于长江大河，咽响如雷。
这彩色神明的巨怪，
满吸了东亚的大水，
昂首向坎坷的地面寻着，
吼一声，可怜，苦旱的人间！
遍野的饥农，在面天求怜，
求救渡的甘霖，满溢田田——
看呀。电闪里长鬣舞旋，
转惨酷为欢欣在俄顷之间

二

天空里幻出长虹一带，

在碧玉的天空镶嵌，
一端挽住昆仑的山坳，
一端围绕在喜马拉雅之巉岩，
是谁何的匠心，制此巨采，
问伟男何在，问伟男何在？
披苍空普盖的青衫，
束此神异光明之带.
举步在浩宇里徘徊，
啊，踏翻，南北白头的高山，
霎时的雷花狂舞，雪花狂洒，
普化了东与西，洒遍了北与南
丈夫！这纯澈无路的世界，
产生于一转之俄顷之间。

  1924 年 4 月 12 日，泰戈尔和他的助手恩厚之一行六人乘坐热田丸号轮船抵达了上海。当时,徐志摩、瞿菊农、张君劢等人早已等在汇山码头，迎接他们的到来。

  泰戈尔已年逾花甲，他特意穿了棕色长袍，头戴红色软帽，银白色的须发衬着满脸的笑容，向站在岸上欢迎他的人们双手合十感谢。

  当日，徐志摩便陪同泰戈尔参观了上海的龙华古寺。古老的寺院里佛乐飘荡，徐志摩为泰戈尔讲述了独属于这座古寺的风霜与年华。春日花开得正好，龙华寺内繁花若锦，林木送风，为这位诗人献上了一份独有的禅光。

隔日，上海Sikhs教派的印度人在闸北一座寺院以召开集会的方式，欢迎这位来自祖国的贵客。在集会结束后，徐志摩陪泰戈尔去了张君劢家为他专门准备的茶话会。彼时的茶话会上，共有一百多人，大家有的坐在花园中的长椅上，有的干脆席地而坐，气氛轻松而热闹，所有人都沉浸在这种文化碰撞的暖意里。

随后，徐志摩陪同泰戈尔一路向南，前往杭州，游览淡妆浓抹总相宜的西湖。在千年古刹灵隐寺，泰戈尔做了著名的演讲《飞来峰》。

在4月23日，泰戈尔一行抵达北京。当时，梁启超、蔡元培、胡适、蒋百里、林长民、蒋梦麟、熊希龄等学界与政界的名流们前来迎接。泰戈尔先生"穿青色长袍，戴绛色冠，苍髯满颊"，故而显得格外的超凡脱俗，飘逸出尘，令众人对他有了虔诚的倾慕感。

26日，欢迎泰戈尔来华的盛会在天坛公园的草坪上举行。在欢迎仪式上，首先由梁启超先生致欢迎辞，接下来徐志摩与林徽因一左一右搀扶着泰戈尔登台。有着厚重历史的遍布着苍翠的天坛公园里，这两位才子佳人，并行在远道而来的大师左右，成为了在场众人眼中一道不可多得的风景，亦成了不少人交口相传的美谈。早年间，徐志摩与林徽因之间的绯闻也再一次甚嚣尘上，可想而知，那时仍对林徽因念念不忘的徐志摩该是如何惆怅。

吴泳在《天坛史话》里是这样描述当时的情景的："林小姐人艳如花，和老诗人挟臂而行，加上长袍白面、郊寒岛瘦的徐志摩，犹如藏松竹梅的一幅三友图。"一时间，徐志摩、林徽因这对"金童玉女"因此成为了京城中的美谈。

　　5月8日，恰逢泰戈尔先生64岁的寿辰，北京学界精心安排了一场寿宴来表达大家对泰戈尔的热情与敬意，并且在寿宴上还为泰戈尔举行了隆重的赠名典礼。这场寿宴由胡适主持，寿礼是十九幅名画以及一件名瓷。而后的赠名典礼则由梁启超主持——这是一种非常特殊而且尊贵的礼节，为外宾赠送本国姓名，以代表友好与敬重。学界赠送给泰戈尔的中文名是"竺震旦"。"震旦"既是古印度对中国的称呼，又是泰戈尔名字的中译，其意思约为"太阳"和"雷"，故而取了"如日之异，如雷之震"的意思，将泰戈尔的中文名取为"震旦"。并且，中国名字需要在前面加上姓氏，故而中国古代对印度的称呼"天竺"中的"竺"就化为了泰戈尔先生中文名的姓。"竺震旦"，一代大师泰戈尔的中文名至此诞生，而且主办方还将这个名字刻在了一枚中国传统印章上，赠予泰戈尔先生。

　　寿宴上除了赠名典礼外，由新月社用英文演出的泰戈尔先生的名剧《齐德拉》更是将宴会推向了高潮。这也是新月社自成立以来，第一次正式演出剧目。

　　《齐德拉》是泰戈尔先生根据印度史诗《摩诃婆罗多》中的一段故事改编而成的诗剧，它讲述了一段用中文来讲便是有情人终成眷属的故事。

　　马尼浦王齐德拉瓦哈纳韦的独生女儿齐德拉，她并不美貌，从小被父亲当成王子来训练，并准备立为王储。光阴似箭，长大后的她变得英勇无比。有一天，齐德拉在山中行猎的时候偶遇邻国的王子阿俊那，并对他一见钟情。她开始对自己的相貌和性格不满起来，于是她苦苦地恳求爱神，希望爱神能赐予她一天的美貌与温柔，用来打动王子的心。爱神被她的真诚所打动，赐给了她一年的美貌容颜。丑陋的齐德拉变成了一位绝世美人，不久之后就赢得了王子的爱，并与他结为夫妇。可不久之后，她发现自己的丈夫对曾经在山中偶遇的英勇女孩念念不忘。这时她才发现，自己做了一件多么愚蠢的事情啊。美貌只能是被她一时占有，而真正的无价之宝是她自己身上的精神与品质。王子爱上的是一个人高尚的灵魂，而非庸俗的外表。美貌稍纵即逝，只有真爱才能获得永恒。所以她再次请求爱神，收回赐予她的美貌。而后恢复了本来面貌的她，向心爱的人敞开了心扉，获得了丈夫真实、稳固的感情。

新月社排演的这部《齐德拉》从剧组及工作人员来说，可算是迄今为止演出阵容规格最高的一出戏：张彭春任导演，梁思成绘景，林徽因饰演公主齐德拉，张歆海饰演王子阿俊那，林长民饰演四季之神阳春，徐志摩则饰演爱神。戏里的路人村民是丁西林、蒋百里这种众人口中的才俊，而村姑是王孟瑜、袁昌英这些大家皆知的名流。

在这场戏里，徐志摩只是一个能够掌控爱情的局外人，给林徽因美貌，却并不是她终身所系的那个人。所以，戏里戏外，他都注定了是与她错过的人，只能用自己的诗与爱情，伴她走过最美好的青春与年华。

值得一提的是，为这次演出充当礼堂门口招待发售演出说明书的是徐志摩生命中的另一位女主角陆小曼，而当时剧中王子的扮演者张歆海正喜欢追求着陆小曼。

可以说，这出戏，抛却它文学与艺术上的沉淀，也可算是中国近代史上一次难得的最八卦集会。戏外所延伸出来的那些戏远比台上的美满爱情来得诱人探索。爱欲煎熬中的青年男女，在故事里演着别人的爱情，宣泄着属于角色的情感，可自己的一切情感只能蜷缩在心底的角落里。故而，有绯闻会说彼时的台上爱神与齐德拉公主眼神交汇，含情脉脉，亦会有不少其他的八卦成为名流间的笑谈。

泰戈尔先生自是不会知道这出戏下的那些暗潮汹涌，在他的眼中，这场演出适时地让他忘记了那些来中国后的烦心事儿。

原来，北京的媒体对这位文学大师的态度着实有些前恭后倨，在泰戈尔还未来华时，报纸上热烈宣传，翘首以盼，可真等到泰戈尔来到中国游历后，媒体却发现期盼与现实间会有许多的不一样。泰戈尔来中国是因为他对中国传统文化的喜爱，在他的数次演讲中，他也多次表达了自己对传统文化的热爱。而当时的中国，正是新文化之火燃烧整个社会之时，大把的中国青年期待着将旧势力旧文化推翻，建立一个新的科学的民主的新中国。在这个时间点，突然有一位外国大师，穿着长袍，蓄着长须，歌颂着古老东方特有的传统及文化。这在当时青年学子的眼中无疑是一种倒退。

泰戈尔在演讲中自然也感受到了这种态度，意识到了自己的不受欢迎。他颇为神伤，毕竟，大师的这次访华，无关政治或是私利，他拖着病体，冒着高龄，抛弃了自身的事业，艰苦地行旅来至中国，只是为了中印文化交流，为了感召中国的有识青年。

徐志摩在当时，观察到了这些，他开始写文章为大师辩护，并设法安排一些"对话"来化解双方的误解。他从心底里喜欢这位老诗人，而泰戈尔自然也感受到这位年轻人的热情，两人可以说缔结了一段非常深厚的友谊。

在5月12日，泰戈尔先生在真光剧院的演讲结束后，就托病取消了最后的三场演讲。他是真的累了，身心疲惫。

北京的初夏来临之时，徐志摩陪同泰戈尔去了法源寺，那里丁香花开得正烈。他知道，老先生颇有些伤心，需要这许多的温情与美景来排解心中的郁闷。法源寺的香雪海里，泰戈尔先生亲切地称呼徐志摩为"素思玛"，这是他为徐志摩起的印度名字，而徐志摩则唤泰戈尔先生为"老戈爹"，温情中也多了一份亲切。

5月20日，泰戈尔一行离开北京前往太原。而此刻，知道了林徽因即将与梁思成前往美国留学并且婚期在即消息的徐志摩，在列车里听着车轮在铁轨上撞击的声响，望着列车外溶溶的月色，心中不知该是如何的孤寂与苦涩。这段关系中，她已作出了抉择，决绝地转身离开，那些流言蜚语，都成了他心中的惆怅，更显出此刻的分外孤寂。而那些伤感被他记录了下来：

我真不知道我要说的是什么话。我已经好几次提起笔来想写，但是每次总是写不成篇。这两日我的头脑总是昏昏沉沉的，开着眼闭着眼却只见大前晚模糊的凄清的月色，照着我们那不愿意离去的车辆，迟迟的向荒野里退缩。离别！怎么能叫人相信？我想着了就要发疯。这么多丝，谁能割得断？我的眼前又黑了！

在太原短暂停留后，5月23日，泰戈尔一行人沿着京汉铁路南下汉口，取道长江到达上海。1924年的5月29日，泰戈尔先生结束了访华之旅，前往日本。这是个并不太圆满的旅程，但是他也无愧于心，在动荡的岁月里，或许能够坚守住自己的信念的人并不多，但他努力过了，虽然并不能改变太多，但若有一丝细微的改变，亦是一种进步。

徐志摩陪同泰戈尔先生乘船去往东京，东瀛的风光令他心头的悲伤阵阵袭来。而情路不畅的徐志摩也写下了自己最脍炙人口的诗歌之一——《沙扬娜拉》。

> 最是那一低头的温柔，
> 像一朵水莲花不胜凉风的娇羞，
> 道一声珍重，道一声珍重，
> 那一声珍重里有甜蜜的哀愁——
> 沙扬娜拉！

离开日本后，徐志摩又陪泰戈尔先生到了香港，他们在香港依依惜别，并相约来年在欧洲再聚。

这是一段非常令人羡慕的友谊，在泰戈尔先生回国后，他还专门写信给徐志摩："从旅行的日子里所获得的回忆日久萦绕在心头，而我在中国所得到的最珍贵的礼物，你的友谊是其中之一。"

送走泰戈尔先生之后，徐志摩与友人张歆海前往庐山避暑，在这个时候，他认识了凌淑华。在失恋的巨大痛苦中，凌淑华这位红颜知己做了他的聆听者，他们之间信件往来频繁，也因此传出了不少绯闻。直到他遇到了另一位让他为之疯狂的爱人——陆小曼。

第四章　生活与现实

在庐山避暑的日子里,徐志摩除了在山中观景漫步外,那份大自然独有的安静带他进入了一种劫后余生的清闲感之中。他大部分时间都用于翻译泰戈尔先生的演讲稿和诗歌。这种仿佛与世隔绝的生活让他暂时地忘记了爱情所带来的彻骨之伤。

在给家人的信中,他曾这样写道:

我们这里小天池多的是迷云与惨雾,人生亦不见得一路有阳光的照亮;但这变异是重要的,天时与人生都少不了相替的阴晴与寒燠。

从庐山归家,徐志摩正遇上了江苏军阀之间的混战,到处都是兵荒马乱。为了躲避战乱,他们举家迁往上海。待家人安顿好,他才又北上。

而这次回家,他正好赶上了幼年时最好的玩伴、自己的表兄沈叔薇病危。在表兄临终前,他们见到了最后一面。眼见着自己曾经最亲密的兄长兼密友辞世,徐志摩心中的悲伤自是涌现,他写下了《悼沈叔薇》用以寄托自己的哀思。然而在他回到北平不久后,家里又接连传来了噩耗,堂弟媳与伯母亦是接连去世。

兵火连天的乱世里,生死轮回的无常感席卷了徐志摩的所有感官。他在爱情里体会着最痛苦的剥离,又紧接着面对死亡的突然与沉重:

我每次想到生与死的究竟时,我不定觉得生是可欲,死是可悲,我自己的经验与默察只使我相信生的底质是苦不是乐,是悲哀不是幸福,是泪不是笑，是拘束不是自由。因此，从生入死，在我有时看来，只是解化了实体的存在，脱离了现象的世界，你原来能辨别苦乐，忍受折磨的性灵在这最后呼吸离窍的俄顷刻，又投入了一种异样的冒险。

可以说，那一段日子里，徐志摩的生活中写满了灰暗与苍白。苦闷如同巨石一般压抑着他的生活，让他不能喘息。在那段时间里，他写下了三首诗：《毒药》《白旗》《婴儿》。

> 相信我，我的思想是恶毒的，
> 因为这世界是恶毒的，
> 我的灵魂是黑暗的，
> 因为太阳已经灭绝了光彩，
> 我的声调像是坟堆里的夜鸮，
> 因为人间已经杀尽了一切的和谐，
> 我的口音像是冤鬼责问他的仇人，
> 因为一切的恩已经让路给一切的怨……
> ——《毒药》

> 现在时辰到了，
> 你们让你们回复了的天性忏悔，
> 让眼泪的滚油煎净了的，
> 让嚎恸的雷霆震醒了的天性忏悔，
> 默默的忏悔，悠久的忏悔，沉彻的忏悔，

> 像冷峭的星光照落在一个寂寞的山谷里,
> 像一个黑衣的尼僧匍伏在一座金漆的神龛前……
> ——《白旗》

> 但她还不曾绝望,
> 她的生命挣扎着血与肉与骨与肢体的纤微,
> 在危崖的边沿上,
> 抵抗着,搏斗着,死神的逼迫……
> ——《婴儿》

这种充满着黑暗腔调,虽然气势磅礴但又带着无尽压抑的诗歌,在徐志摩以往的作品甚至之后的作品中都不曾出现过,像是绝望中孤独的自省,又像是走入了无底的深渊,这些都与他彼时的心境有关。

有传闻说,徐志摩在那时对林徽因仍念念不忘。1925年时,还曾收到过林徽因从美国发来的电报,说她亟盼收到徐志摩的信。徐志摩马上拍了电报回复,但是林徽因却再也杳无音讯。有人传这是林徽因的一次玩笑,但徐志摩一颗炽热的心,却仿佛沉入了寒冰之渊。

徐志摩因此写下了《"拿回吧,劳驾,先生"》一诗,用以说明这种最伤人的人往往是自己所爱之人,最凉薄的心往往是自己所在乎人的心。

> 啊,果然有今天,就不算如愿,
> 她这"我求你"也就够可怜!

"我求你",她信上说,"我的朋友,
给我一个快电,单说你平安,
多少也叫我心宽。"叫她心宽!
原来她忘不了的还是我——我,
虽则她的傲气从不肯认服;
害得我多苦,这几年叫痛苦
带住了我,像磨面似的尽磨!
还不快发电去,傻子,说太显——
或许不便,但也不妨占一点
颜色,叫她明白我不曾改变,
咳何止,这炉火更旺似从前!

我已经靠在发电处的窗前;
震震的手写来震震的情电,
递给收电的那位先生,问这
该多少钱,但他看了看电文,
又看我一眼,迟疑的说:"先生,
您没重打吧?方才半点钟前,
有一位年青先生也来发电,
那地址,那人名,全跟这一样,
还有那电文,我记得对,我想,
也是这……先生,你明白,反正
意思相像,就这签名不一样!"
"吭!是吗?噢,可不是,我真是昏!

发了又重发，拿回吧！劳驾，先生。"

或许，林徽因并不能意识到自己这小小玩笑曾给了一个沉迷在黑暗边缘里的人一丝渺茫的希望，更不想自己的玩笑毁了这仅有的希望。她以为那离开的告别便是真的离开，可若是从一个人的心里走出来，哪有那样容易？

幸而，徐志摩并没有荒废太久。他意识到自己的新月社既然已经组建，就不能任由它随意地荒废下去。虽然他们创立新月社已久，但几乎并没有什么作为。新月社的成员大多还是当初"聚餐会"的成员，"聚餐会"其实是徐志摩的父亲徐申如与银行家黄子美共同出资，为了在北京的亲朋好友经常见面交流组建的，成员大多数都是欧美留学生。"新月社"的成立只是为最初的"聚餐会"取了一个正式的名号。故而在泰戈尔先生离开后，1925年1月，新月俱乐部成立了。

新月俱乐部的成员大抵分为三类：一类是梁启超、蒋百里、林长民、张君劢这些在国内早已有了一定地位，从事某一方面研究的名流们；一类是像胡适、徐志摩、陈西滢、丁西林、林语堂这些欧美留学归国的留学生；还有一类是像黄子美、徐新六等金融银行界的人士。后来，闻一多、徐上沅等人也加入了新月俱乐部。此外，许多徐志摩的朋友比如沈从文等人，也经常会参加新月俱乐部的活动。

从1924年组建新月社开始，到1926年10月徐志摩和陆小曼结婚，新月俱乐部存在的时间其实并不长。徐志摩一直是新月俱乐部的灵魂人物，在他忙着去和陆小曼谈恋爱后，其实新月俱乐部就名存实亡了。

但是在新月俱乐部鼎盛的这段时间里，还是有许多活动的。最初的排演戏剧在实际执行中确实较难实现，后来新月社大多数聚会便是由诗歌朗诵会的形式来进行的。此外，还有读书会，即关于某一本书的专题讲座与讨论会。梁启超先生就曾就《桃花扇》专门开过一讲。每逢年节的时候，俱乐部还要举办一些文人雅集，要更热闹一些。比如灯谜会、书画会、舞会等等。若是没有集会，也会有不少朋友过来找徐志摩闲谈。似乎看起来，新月社只是这样一个文人之间的小团体，不过做一些闲散的社交聚会。但是在这里，文人间的心灵发生碰撞，激发出了不少艺术的火花。日后文坛上的新月派，亦是从此逐渐发展而来。

也就是在这段时间里，陆小曼闯入了徐志摩的生活。

若是提到陆小曼，并不是用少许文字便可讲得完的。她的生活中充满了令人艳羡的经历与过往，也有普通人难以企及的波折与跌宕起伏。陆小曼是那个年代的名媛，但许多人因着徐志摩的原因，将其称为交际花，委实有些不公平。

陆小曼名眉，江苏武进人，出生于上海，是财政部税务司司长陆定的女儿。她的第一段婚姻，是父母为其选定的军政界的高级军官王赓。徐志摩与陆小曼的相识，也正是由于她的第一任丈夫王赓。

王赓算是陆小曼的父母在她诸多追求者中为她专门挑选出来的——王

赓毕业于清华大学，留学于美国的普林斯顿大学，而后又考入了西点军校，与美国的总统艾森豪威尔曾是同班同学。不仅如此，他还精通英法德三国文字，毕业回国后在陆军部工作，甚至还以武官的身份陪同顾维钧先生参加过巴黎和会。

王赓与徐志摩一样，也是梁启超的学生，故而很早就相识了。由于工作繁忙，他经常没办法顾忌到家中的事务，所以就常常拜托自己的朋友们帮忙照顾妻子陆小曼。不过，依现在看来，他所托付的这些朋友着实有些所托非人，在帮他照看妻子的朋友名单里，赫然有胡适、张歆海等人。胡适和张歆海都为陆小曼所倾倒，在不少场合或者文学作品中表达过对陆小曼的欣赏与爱意，但是碍于朋友妻不可欺的原则，他们也只能作罢。只可惜，王赓在照顾妻子的名单上又加上了徐志摩。

陆小曼注定是在不管何处都是最耀眼的那颗明星的。她在十六七岁时，便已精通英、法两国文字，而且还会弹钢琴、擅丹青，在父母的培养下，她逐渐成为一位彼时民国大家闺秀中的典范。时任北洋政府外交总长的顾维钧，当时向北京圣心学堂要求推荐一名精通英语和法语的姑娘去参加外国使节的接待工作，陆小曼就毫无意外地被选中了。陆小曼完全没有让顾维钧失望，在外交部接待外宾的各种场合里，陆小曼担任各位外宾口语翻译时都能随机应变，而且热情大方、彬彬有礼。这三年外交时光使得陆小曼逐渐在北京的交际圈里出名，不少男子都拜倒在她的石榴裙下，还有人称她为"皇后"，即便只是给她拎包和拿衣服，也是他们眼中的"荣耀"。但是陆小曼对于这些追求者们，大多是不屑一顾的。得益于家庭良好教养，虽然她在社交圈很出风头，却从未乱交过男友。一直到她十七岁时，父母选中王赓作为她的夫婿。

在结婚后，王赓更多地专注于自己的前途与事业，很少有时间陪伴陆小曼。而且两人在一定程度上，还是缺少共同话题的。这段在外人眼中看来非常完满幸福的婚姻，其实内里也有他们的诸多不幸。但陆小曼毕竟是陆小曼，即便对这段父母安排的婚姻已经生出了许多悔意，她也仍旧在外人面前强撑着，咬牙装出幸福也并不是什么太难的事情。

王赓的仕途越发顺遂，他一路升至哈尔滨警察局局长，人也随即调任至冰城。起初陆小曼是跟随王赓前往的，但实在不习惯哈尔滨苦寒的生活，陆小曼又回到了北京，他们夫妻开始了两地分居的生活。原本就没有什么爱情的婚姻，在距离的考验下更是脆弱。更何况，王赓还将徐志摩这位不厚道的朋友介绍给了自己的妻子。

对于徐志摩来说，他一直在寻找的，都是一位可以与自己精神上进行沟通与交流的爱人。与张幼仪离婚是为了林徽因，彼时他认为林徽因就是自己生命中的那朵白玉兰。在承接了林徽因另嫁他人远赴美国以及之后的重重打击后，徐志摩的整个人生都仿佛陷入了一种灰暗的色调中。故而，在遇到了陆小曼后，他的灰暗生活中像是照入了一道强烈而巨大的光束，陆小曼的才华，她的美丽，甚至她是众人眼中的"皇后"，这样的女子让他一时间惊为天人。

徐志摩的世界注定是属于爱情与诗情的。他带着他的诗情就这样闯入了陆小曼的生活里，同样，一场如火如荼的爱情燃烧了他们二人。似乎在徐志摩那里，一切世俗的礼教都敌不过他的爱情，他是绝对的爱情至上主义者。他与张幼仪的离婚案在报纸上掀起轩然大波时，据说那是中国近代史上第一件西式文明离婚案；他不顾自己与林长民作为朋友的忘年交友谊，追求林长民的女儿，更不顾林徽因其实与梁思成早有婚约，在一场爱情的追逐里奋不顾身；同样与陆小曼的爱情，更是将自古以来"朋友妻不可欺"这样的基本准则抛诸脑后……可以说，在他那里，爱情是第一重要的，其他的一切，在他的爱情面前，只有俯首称臣的份儿。

郁达夫在形容徐志摩与陆小曼之间的爱情时说："忠厚柔艳如小曼，热烈诚挚如志摩，遇合到一起，自然要发放火花，烧成一片了，哪里还顾得到纲常伦教？更哪里还顾得宗法家风？"

其实俗话说，不是一家人不进一家门，这话委实是有些道理的。徐志摩是敢于跟第一任妻子离婚闹得满城皆知的人，同样，陆小曼也是敢于在徐志摩火热爱情攻势下放弃自己的第一段婚姻，勇敢提出离婚的女人。

即便社会已经有所开化，但夺人之妻尤其还是夺朋友之妻这事儿在大家看来都委实是一件有伤风化的事儿。不久后王赓就知道了徐志摩与陆小曼相恋的消息，他与每个正常男人一样，十分愤怒。徐志摩的父母也对徐志摩与陆小曼十分反对，在他们看来，他们的儿媳仍旧是张幼仪，即便徐志摩想要再娶，也并不该是他人之妇啊。

徐志摩却对所有的一切浑不在意，他在意的，只是怎样将陆小曼从这桩无爱婚姻的牢笼里拯救出来。

徐志摩找了老友刘海粟出面，先是说服陆家老太太，讲自己因为逃婚离家终获得幸福婚姻；后又安排筵席，请到了王赓，席上刘海粟借题大谈男女之间的婚姻当以爱情为基础。王赓碍于面子，加之亦是受过西方教育的留学生，最终也只得放手这个对自己毫无感情的妻子。

在离婚这件事上，陆小曼的表现与当初徐志摩要与张幼仪离婚时几乎如出一辙，对配偶表现得坚定而冷漠。但与徐志摩彼时的状况不一样，他们毕竟算是婚内出轨，她愈坚定，周围社会给予徐志摩的压力也就越大。

那时候面对越来越复杂的情势，徐志摩只好远遁欧洲，暂避风头。社会舆论和家庭的压力对他形成了一个非常沉重的枷锁，他被禁锢在那里，不能动弹。他想要为这份他难得的爱情而努力，另一方面也需要逃开那种难以呼吸的环境。又或者，他当时是真的想，自己如果出走欧洲，会不会在心境上有所改变，让自己的这份感情渐渐变淡，让理性暂时凌驾于感性之上。

徐志摩去欧洲借的是和泰戈尔先生约好了见面的理由，但是当他到欧洲时，泰戈尔先生却因为病体还未到达欧洲。徐志摩整个人似乎都闲了下来。他到处拜谒名人墓地，像曼殊菲尔，是自然要去纪念一番的。除此外，伏尔泰、歌德、卢梭、小仲马、雪莱……那一个个璀璨名字都镌刻在那冰冷的墓碑上，徐志摩妄想着，借由这些名字，是否能让他那颗被爱情燃烧得火热之心稍微有些退却呢？

还未来得及见到泰戈尔，徐志摩就接到了陆小曼的信——陆小曼病了。徐志摩给泰戈尔写了长信解释理由，而后迫不及待地回了国。这些逃避，在一路的旅途里都变成了他对小曼的想念，他需要回去，需要见到小曼，心中是这样强烈的呼声。

未想到回国后得来的却是好消息：小曼的病并不太重，王赓那边也松口答应离婚。

幸福来得太快太突然，对于徐志摩来说，这似乎是他人生第一次，通过自己的努力拥有了自己想要的爱情——当然这也是他唯一一次的拥有。

他们很快同居在一起，陆家因为女儿既已离婚，自然没有什么理由再阻挠。但是徐志摩的父亲却给他们这桩婚姻出了三个难题：一是结婚费用要自理，家中不予提供；二是婚礼要由胡适做介绍人，梁启超证婚；三是结婚后要南归，两人安分守己过日子。彼时的徐志摩为了能够结婚，还有什么条件不能答应？虽然难些，但也都勉强办到了。

1926年8月14日，农历七夕，徐志摩与陆小曼举行了订婚仪式。同年的10月3日，也就是孔子诞辰日，他们两人在北海公园举行了婚礼。与两人的第一次婚礼相比，这次确实办得是十分简朴了，而且婚礼上，证婚人梁启超还将两位新人劈头盖脸骂了一顿，但，他们终于还是结了婚。

婚后的徐志摩，在经历了爱情的狂喜狂热后，终于沉下心来，开始进入了他文学生涯中的一个重要时期——《晨报副刊》。

《晨报副刊》很早就对徐志摩抛出了橄榄枝，希望徐志摩可以接手《晨报副刊》的工作。徐志摩虽然心底里是确实很想办一份刊物，但是一直未下定决心。在他去欧洲前,禁不住朋友们的软磨硬泡,于是许下承诺,回国后一定帮着办报纸。在回国后,徐志摩守约来到了《晨报副刊》,但却也提出了他的要求:"我说我办就我办,如何办法可得完全由我,我爱登什么就登什么……我来就是个全权的记者。"而后,主办方答应了这个要求,徐志摩作为副刊主任走马上任。

在办报纸上与做人上,徐志摩向来是有着许多其他人想不到的随意的。那种随意且自由的性格,使得他所创办的这份《晨报副刊》成了中国报刊史上数得上名的一朵奇葩。

1925年10月1日,由徐志摩主编的第一期《晨报副刊》正式上市。徐志摩在第一期中写了一篇《我为什么来办 我想怎么办》来表明自己的办刊方针——不取媚、不掩讳、崇拜自由、向往光明——堪称一时之最:

我自问我绝不是一个会投机的主笔,迎合群众心理我是不来的,谀附言论界的权威者我是不来的,取媚社会的愚暗与褊浅我是不来的。我来只认识我自己,只知对我自己负责任,我不愿意说的话你逼我求我我都不说的;我要说的话你逼我求我我都不能不说的……

徐志摩为《晨报副刊》加了头图,用的是闻一多的画作——一个奇瘦无比的男子赤裸着上身,站在山岩上绝望地呐喊。而后,他又请了晨报的老社长蒲伯英先生为副刊题字。至于撰稿人,新月社的诸多好友与文艺界的同仁纷纷来支持徐志摩,这不得不说得益于他一贯的好人缘。

故而一时间,晨报副刊内不乏许多知名作家以及学者名流。其中有才思浩渺的梁启超先生,以犀利著称的张奚若先生,涉猎极广的赵元任先生。此外，姚茫父、余越园两位先生在副刊上主要负责讲中国美术；而刘海粟、钱稻孙、邓以蛰诸君则谈西洋艺术；余上沅、赵太侔讲戏剧；闻一多细说文学；翁文灏、任叔永分析科学；萧友梅演绎西洋音乐；李济之则畅谈中国音乐。

而徐志摩的好友们像胡适、陈西滢、丁西林、张歆海、凌淑华、陶孟和、郁达夫等人更是积极支持，提供各种稿源。

平日里的报纸中，编辑选稿付梓印刷，成品便到了读者的手中。编辑在选稿过程中的所有心思都隐藏在所有的文章里，等待读者用一双慧眼来发掘。但徐志摩则不然，他在稿子的出处都加上了"编者按"，明明白白地让读者知道他为何要选这篇稿子，这篇稿子的优胜之处在哪里。于是晨报副刊常常会看到"志摩注"、"志摩附记"等字样。

有时候，他写的编者按实在太长了，就变成了正文，反倒是被选出的原稿，则屈居在最后。像张奚若的一篇一千多字的短文《副刊殃》，徐志摩的附注便有两千字；刘海粟的千字短文《特拉克洛洼与浪漫主义》，徐志摩的按语便有三千字。

徐志摩的这种表达热情，这些新颖的编排使得读者觉得十分有新意，且一目了然地便晓得哪篇文章是自己喜欢的该读，又有哪篇是自己极度不喜欢的，可以避开。

正是因为《晨报副刊》的怪，使得它的口碑很快就在读者中传开，徐志摩逐渐将《晨报副刊》做成了全国最有名的副刊。

而且徐志摩并不是一个刚愎自用的人，在晨报副刊上，名人的文章须得写得好才会登，新人的文章若是写得好更是会破格一个月连登数篇。正是他的这种不拘一格，为近现代文坛提携了多名人才，像沈从文便是一例。

在晨报副刊做编辑的同时，徐志摩还接受了母校北大的聘书，回去任教。他在给刘海粟的信中这样写道："我这半年不受'物诱'，办我的报，教我的书，多少做一点点人的事业，要不然真没脸子见朋友了。"

1926年3月，"三·一八"惨案爆发，京城内尽是对北洋政府的愤怒与对无辜受难群众的悲歌。

徐志摩在《梅雪争春——纪念三·一八》中这样写道："白的还是那冷翩翩的飞雪，但梅花是十三龄童的热血！"为了纪念这次惨案，晨报副刊开设了《诗镌》专栏。刊头也是闻一多设计，一匹神马腾空而飞，而"诗镌"二字如同烙印般刻就。闻一多曾说，《诗镌》的发行，将开辟诗坛上的新纪元。在徐志摩和他的朋友们眼中，他们不仅要用这个专栏为天安门、铁狮子胡同播洒热血，还要为这个民族、这个时代来敲响警钟。

《诗镌》的问世促进了新诗的发展，同样，1926年6月晨报副刊还开辟了《剧刊》的专栏，对喜剧艺术研究及发展产生了很强大的推动作用。

在晨报副刊的这段时光，可以说是徐志摩生命中非常充实的一段日子，他在接手副刊之时就说过："不能制止我看了这时候国内思想界萎瘪现象的愤懑与羞恶，我要一把抓住这时代的脑袋，问他要一点真思想的精神给我看看。"而他在晨报副刊也做到了思想之传递，观念之探讨。那是这样一段时光，最好的朋友和喜欢的文字，都在你的笔下，都在你即将付梓的刊物上。

只可惜时局动荡，徐志摩并没能在晨报副刊坚持许久。1926年底，他辞去了晨报副刊和北大任教的工作，与陆小曼结婚之后便南下硖石回到老家生活。而后由于战争，硖石一度成为了战线中心，他们又惊恐地逃离硖石，去了上海。

十里洋场的生活对于徐志摩来说，其实并不太提得起他的兴趣。彼时的上海，尚处于殖民统治之下。中外商贾来往于此，租界里充斥着浓郁西洋风情和十里洋场十里繁华，在这样一座不夜城里，不知有多少人每日里醉生梦死，全然忘却了租界外那屈辱惨痛的时政。

"在那怨毒、猜忌、残杀的空气中，我的神经每每感觉到一种不可名状的压迫。"徐志摩曾这样描述当时的感觉。

他本想带着陆小曼去欧洲求学旅行，但彼时由于战乱，家中经济状况早已大不如前，无法支付他俩留学的费用，而且陆小曼身体状况不佳，不适宜长途旅行。徐志摩只好留在了上海。

幸而当时由于战乱，北洋政府岌岌可危，昔日北京新月社的朋友们也被迫纷纷南迁，来到了上海，像闻一多、孟侃饶、余上沅、丁西林、叶公超、潘光旦、邵洵美等人。而后不久，梁实秋、刘英士、张禹久等人也留学归国，与欧洲出行归来的胡适，一起搬来上海居住。有了这么多朋友在一起，至少上海不像原本那样让他拒绝了。

徐志摩在上海收到了光华大学和大夏大学的聘书，接任教职之后，他和陆小曼的生活也算有了经济来源。他在光华大学英文系开设了英国文学史、英文诗、英美散文等课程。他清新风格的讲课方式给学生带去了不一样的感觉，令人着迷。

学生赵家璧后来有过这样的回忆：

"我第一次认识徐志摩是我在上海光华大学附中念书的时候，那是1927年的初冬，他在大学里教英国文学……有一天，他通过一位高年级大学同学把我叫到大学教员休息室去谈话，开始害我吓了一跳。见到这位和蔼可亲的年轻教授，白皙的脸，大阔嘴，长下巴，一个大鼻子上架了一副玳瑁眼镜，话说得那样娓娓动听，我一下子被他迷住了……我在1928年进入大学，读的是英国文学系，凡是徐志摩开的课，能选的都选了。选读他课的同学都感到这位诗人丝毫没有教授的架子；充满着蓬勃的生气、活泼的思想、渊博的知识、广泛的兴趣。他踏进课堂，总是把隐藏在他长袍袖底的烟蒂偷偷地吸了最后一口，向门角一丢，就开始给我们谈开了。他有说有笑、有表情、有动作；时而用带浙江音的普通话，时而用流利的英语，真像是一团火，把每个同学的心都照亮了。他的教学法不同一般，他教英国散文、诗、小说都没有指定的课本，也不是按部就班地教，而是选他自己最欣赏的具有代表性的作品念给我们听，一边讲课文，一边就海阔天空地发挥他自己的思想，我们这批青年就好像跟了他去遨游天上人间，从而启发我们闯入文学艺术的广阔园地。他用他诗人的气质，启迪我们性灵的爆发。他确是一个具有赤子之心的好老师。"

1927年，伴随着新年钟声，徐志摩有了一个新的决定。办一个书店一直是许多文人或者文化人的梦想，这次他所想的正是办一个书店。既然北京文化界的诸位好友由于战乱聚集在了上海，那么他们在一起创办属于他们的书店来继续他们的文学梦又有何不可呢？

秉承着"新月必圆"这样的想法，徐志摩与朋友们开办了新月书店。

新月书店办成后，徐志摩陆续出版了自己的诗集《翡冷翠的一夜》、散文集《巴黎的鳞爪》，第二年又出版了散文集《自剖》。于当时的时世情形而言，这已是相当不错的出版成绩了。新月社当时还出版了许多在中国文学史上现在看来极重要极有里程碑意义的作品，同时它还出版了大量的优秀文学作品和百余种专著以及翻译作品。但是新月社成员们的抱负仅仅一个新月书店是并不够的，《新月》杂志也应运而生。

在杂志创刊时徐志摩撰文写道："我们舍不得新月这个名字，因为它虽则不是一个强有力的象征，但它那纤弱的一弯分明暗示着怀抱着未来的圆满。"

但是新月杂志的开办反而使得新月社成员内部的矛盾暴露了。新月社内，以闻一多为代表的成员想把新月杂志办成一本文艺刊物，用来讨论文学；而以胡适为代表的成员想把新月办成一个表达自己政治看法的政治阵地。俗话说文人相轻，更何况这里还全都是才高八斗的大才子们，一旦争论起来，谁都不信服谁。新月社内的成员本来就极渴望民主化，故而许多人提出不设立固定的社长与总编，而是轮流坐庄。本来成立杂志社长定的是胡适，总编则是徐志摩，既然提出轮流坐庄，那显然就是针对他俩的了。徐志摩倒是同意这个意见，但胡适认为大家既然一起共事，合得来便处，合不来一拍两散就可以了，索性提出辞职，连新月书店的事儿也不想掺和了。徐志摩连忙劝住胡适，让他收回想法，另一方面将胡适打算辞职的事压了下去，这才使新月杂志办了下去。

新月的事业虽然有许多波折，但也终究都解决了。只是面对着十里洋场，徐志摩对自己生活的无力感越来越大了。

这所有事情的起因都是因为他的婚姻并没有向着他所期盼的那样发展。

在硖石家中的时候，陆小曼与徐志摩的双亲便相处得并不太融洽。小曼是千金大小姐的脾气，从小到大又一路被人宠着，对徐志摩自然也是颐指气使。徐申如与妻子仍旧对前儿媳念念不忘，在小曼面前提到的都是张幼仪，最后更是因为看不惯陆小曼，直接搬去与张幼仪同住。可以说，在硖石，陆小曼生活得并不高兴。

但是到上海后，陆小曼一下子在这座繁华的大都市里如鱼得水。她本来就是彼时的一代名媛，到了上海后很快融入了上海的上流社会，成为了上海滩红极一时的交际明星。上海本就是社交界的天堂，陆小曼更是在此结识了大量名人、名伶，穿梭其中，如鱼得水。"南唐北陆"的艳名，使得她毫不费力地又成为了众星捧月的皇后。

小曼喜欢票戏，故而结识了翁瑞午等有闲有钱的世家子弟，而且还与他们合作了两场演出。但在小报记者的笔下，为了多卖报纸，新闻写得极夸张与惊悚,陆小曼便被冠上了私生活不检点等行径。有一份名为《福尔摩斯小报》的报纸就发了一篇文章,里面暗指徐志摩的父亲与张幼仪有扒灰劣迹,陆小曼与翁瑞午等人行为不检点。文章行文下流,文笔猥琐,极为恶心。徐志摩知道后非常愤怒,立刻将小报告上法院,但因为小报刊载的文字用的都是化名,法院也并不能判定小报诽谤,这件事只得不了了之。

其实与陆小曼婚后的生活和徐志摩一直以来所期待的那种生活完全不一样。他之所以和张幼仪离婚是觉得之前那种生活枯燥无味,缺乏爱情。他所期待的是一种夫妻间有许多共同语言共同走在文艺路上的感觉。刚结婚时,他会将自己写的文章和诗作拿给小曼看,让小曼提出自己的看法。小曼若说好,他便拿去发,若说不好,他便不发了。

只是陆小曼的兴趣并不在于此,她更喜欢去唱戏和跳舞,加之自己的身体一直不好,更是愈发懒得看徐志摩的诗稿了。小曼的生活,总是从下午才开始的,她下午起来写信、作画,晚上则出去跳舞、打牌,徐志摩常常要枯等到很晚,小曼才会拖着疲惫的身躯回来。

而且,小曼生性比较挥霍,花起钱来似流水一般。徐志摩忽然意识到,自己可能养不活她了。小曼待字闺中之时以及在与王赓的婚姻里,金钱问题从来都不是她会考量的问题,所有人都会给她最好的生活,自然也养成了她大手大脚的习惯。

徐志摩曾说"论精神,我主张贵族主义;论物质,我主张平民主义",但尽管眼前的生活与他所期盼的大相径庭,他也还是努力赚钱,开始为了金钱奔波。同时兼任几份教职、写稿、翻译,无奈之时只好向人借债。生活中有太多艰辛,他却只能为了自己的这段爱情不断埋单。他仍旧是爱着小曼的,因为不想放弃这个自己在人海中寻觅而来的灵魂伴侣。他努力地想要把小曼变成自己所希望的那个样子,他送给小曼《曼殊菲尔日记》,并在扉页注明"一本纯粹性灵所产生,亦是为纯粹性灵而产生的书"。他希望小曼可以像他心目中女神曼殊菲尔那样高雅纯粹,希望她具有灵性的光环。只是,这想法很美好,现实很骨感。

小曼并不是一个夫唱妇随的妻子。她有属于自己的想法和态度,她和徐志摩一样是一名自由主义者。她所期盼的婚姻是能够包容她的自由的,而不是限制她的自由。

他们两人在兴趣爱好上的差异日渐显露出来,也渐渐有了矛盾和争吵,这对明明相爱的人是苦不堪言的。而且更可怕的是,因为身体生病的原因,小曼还抽上了鸦片,每日里烟榻上横陈的颓废是徐志摩陌生与害怕的。

徐志摩为了支付家里的巨额开支接下了苏州东吴大学的聘书,还有一个原因就是他想从眼前的现实中逃离出去。他的生活早已变得不是他所期盼的那种诗情画意充斥着每一个角落的日子,而是每日里艰辛地工作赚钱来维护日常用度的平常日子。

而当时国内发生了令人震惊的"济南惨案",国家面临着巨大的悲痛,民族危难,而他自己的小家也逐渐令人觉得窒息,提不起兴趣。徐志摩想要逃离,想要去国外,回到他精神的乌托邦去,他觉得自己不能再如此荒废下去了。

正巧当时有一位朋友王文伯出国,大家可以做伴,故而徐志摩就同行了。

在说到当时他出国的情形,朋友们也大都表示赞同,胡适就曾表示:"志摩殊可怜,我很赞成他这回与文伯去外国,吸点新空气,得点新材料,也许换个新方向。"从另一个侧面也可看出,当时朋友们对他的处境都觉得大约略觉艰难了。

总之,徐志摩踏上了邮轮,开始了他这次弥足珍贵的旅行。他先前往日本,见了好友陈西滢与凌淑华,而后又踏上旅程到达美国。在美国,他四处游历,身心也很快放松下来。他将一路上的所见所闻都写成信寄给小曼,虽然没能一起同行,但他依然希望这些新鲜的空气可以为成日在烟雾缭绕里流连的妻子带去一丝新鲜的空气,他期望她变得不一样起来。

在离开美国前,徐志摩去了他曾经读书的地方——哥伦比亚大学,他在那里给泰戈尔的助手恩厚之写信,约他在英国见面。

当再次站在康河旁时,徐志摩的心情大约是无法形容的兴奋中夹杂着些许伤感吧。六年前他作别剑桥的时候,还是一个胸怀理想的青年,因为心底惦念着那珍贵的爱情,他毅然放弃了自己最眷恋的康桥而去。只是,时过境迁,曾经心底的爱人已经嫁作他人妇,他也另娶娇妻。可这康河的柔波,这座给予他诗歌灵魂的家园,仍旧矗立在此处,不紧不慢地,仿佛并不知人世的变迁。再思及自己在国内的那种处境,心底里大约不是不难过,不是不辛酸的。

在离开剑桥的时候,他写下了那首流传最广、亦是他此生最出名的诗——《再别康桥》。

轻轻的我走了,
正如我轻轻的来;
我轻轻的招手,
作别西天的云彩。

那河畔的金柳,
是夕阳中的新娘;
波光里的艳影,
在我的心头荡漾。

软泥上的青荇,
油油的在水底招摇;
在康河的柔波里,
我甘心做一条水草。

那榆荫下的一潭,
不是清泉,是天上虹;
揉碎在浮藻间,
沉淀着彩虹似的梦。

寻梦？撑一支长篙，
向青草更青处漫溯；
满载一船星辉，
在星辉斑斓里放歌。

但我不能放歌，
悄悄是别离的笙箫；
夏虫也为我沉默，
沉默是今晚的康桥！

悄悄的我走了，
正如我悄悄的来；
我挥一挥衣袖，
不带走一片云彩。

  对这首诗的解读，已经很多很多。这首诗被视为新月派文学的代表之作，文字优美，布局精巧。但是其实这首诗更加能够打动人的地方绝不仅仅在于那朗朗上口的节奏，优美的文字或是清雅淡丽的新月风格……好的文学作品总是带着情感的，这首诗里珍藏着的是徐志摩曾经有过的年少轻狂与豪情，以及思及今后的别离与伤感，那是每个人心中都曾有过的美好，却又失去之后的无力与无助。

徐志摩在英国见到了恩厚之,并参观了泰戈尔先生设计的乡村建设计划庄园。他对此很感兴趣,并表示回国后也要在中国实施这一计划。恩厚之非常高兴,让他开出预算,先支付一笔款子。徐志摩果然开出了小组成员的名单并收到了恩厚之的预付款。只是,这些钱,甚至包括后来恩厚之又支付给他的钱,大多被用来救他自己的急而挪用了。毕竟此后他只活了三年,在这三年的时间里,他成日里是为了金银等物而奔波劳累,并没有什么时间去实现泰戈尔先生的那个乡村建设计划了——诗人在生活的现实面前,也仅仅只是一个普通人,面对金钱,再难诗意了。

　　这次欧洲之行,徐志摩还见到了自己的恩师狄更生和一直以来思想上的导师罗素。其实此时徐志摩在国内已算是顶有名气的诗人,算是没有辱没师门,只是此刻他内心里的那些感受,大约沉浸在自己被世俗牢牢地绊住,再难回复到曾经那充满诗情的日子了。离开欧洲后,徐志摩赶往印度探望泰戈尔,这也是他这次出行的最后一程且是最重要的一程。

　　这次旅行是徐志摩的最后一次出国,就好像是一场期待已久并且准备好了的谢幕与告别,他游历了东洋、美洲、欧洲和印度,与他留学时期曾经待过的学校做了告别,见了他青年时代几乎所有的人生导师和灵魂导师,似乎这次游历以后,他就与以前那个只活在精神世界中的他做了一场告别,亦是他与这世上他曾最眷恋东西的一种告别。

　　当船又靠岸,回到上海时,徐志摩需要面对的便是扑面而来的沉重。这里有一个入不敷出的家,而他必须承担起男人应该承担的责任。那些经济负担渐渐转变成了精神负担,他甚至会怀疑自己,是否有能力养活自己的妻子。为了赚取更多的银元供家里开销，他又接下了南京中央大学英文系的聘书，同时还接了中华书局编选文学丛书的活儿。其实当时他的各方收入加起来已过千元，在当时来说算是很高的了。只是小曼花钱向来大手大脚，即便如此，仍是不够。

只是可惜徐志摩从出生至读书再留学，一路走来，也算是含着金汤勺的人，算是标准的富二代，没想到刚过而立之年，却日日为了金钱疲于奔命。他同时兼任教职的几所学校里，光华大学在上海，东吴大学在苏州，中央大学在南京，虽然几所城市相隔不远，但日日来回奔波也是极其耗费人精力的。他结婚时便已言明不再问家里要钱，更何况秉着文人的风骨，更是觉得自己堂堂七尺男儿又已过而立之岁怎能还问老父张口要钱。所以这些年里，他绞尽脑汁地赚钱，除了兼任多份教职，撰写编写多本专栏图书以外，他还倒腾过玉器，做过房产中介，甚至还用掉了恩厚之预付的乡村建设计划的那笔钱。有时候，连徐志摩自己都觉得不认识自己了。

那段时间里，若说唯一美好的事情，大概就是泰戈尔来到中国看望徐志摩与小曼了。小曼仿佛又变成了他刚刚认识时的那个小曼，她陪着泰戈尔先生整天里用英文聊天念诗，远离了牌桌舞场的小曼符合了徐志摩对她的所有期待，他觉得自己好像看到了希望，他心里的那个陆小曼又要回来了。

只是泰戈尔一走，陆小曼便又回到了原来生活的状态中。她接着流连于烟榻、舞场、麻将桌，如果不是她还时不时地坐在窗下专心致志地画画，也许徐志摩就要彻底觉得自己的那个小曼死了。

那时候,徐志摩任职的光华大学也出了事——学校里有特务学生带头想把光华大学这所民办大学纳入国民党的管理范畴。校长与副校长以及校务执行委员会为了维护正义,将带头闹事的学生开除了。没想到国民党政府强行干预校政,要求恢复被开除学生的学籍以及辞退副校长以及校务委员会的委员。在政府强大的压力下,学校只能屈服,因为徐志摩刚好是校务委员会的委员之一,所以遭到了辞退。这件事上,徐志摩倒没有太多伤感或者不满,或许他对在上海的生活早已有些厌倦了,他也正好不想在这里待下去,所以他决定回北京,毕竟那里他的朋友很多,而且他对北京这座城市还是有着莫名的眷恋的。

但陆小曼在上海已经有了自己熟悉的圈子,固定的生活,她并不愿意走,依然选择留在上海。徐志摩只好只身前往北京,刚开始借住在胡适家。胡适也替他联系好了工作,还是在北大教书。后来,徐志摩又接下了女子大学的课。他将自己的生活安排得很紧凑,因为很怕自己闲下来就会空虚。

在北京,徐志摩还有一处可去——林徽因家。本来当时梁思成与林徽因都是在沈阳大学建筑系任教的,但因为林徽因得了肺病,回北京将养,所以徐志摩在到北京的第二天就去看望了梁思成与林徽因。这件事他并没有瞒陆小曼,一是因为故作大方,既然明白地告诉小曼了,就代表心中并没存什么心思;二是想看看陆小曼的反应,若是她真的吃醋愿意来北京看住丈夫的话,岂不是美事一桩;三是他真心想见见林徽因了,也许在他最迷茫徘徊时,林徽因这个曾经占据他全部内心,此刻或许还在某个角落封存的女神，一定会给他指引一条更为明亮的路的。只是，他这个举动除了引起陆小曼的强烈不满外，并没有任何结果。陆小曼还是没有离开上海的意思，并不是不爱他，只是她更习惯自己的那个圈子而已。

之后，徐志摩的母亲突然去世了，这件事直接恶化了徐志摩与陆小曼之间的关系。徐志摩的父母一直都不肯接受小曼这个儿媳妇，这次徐志摩从北京回到硖石处理母亲的后事，陆小曼听到消息，也准备回硖石奔丧，但是遭到了徐志摩的父亲徐申如的拒绝。徐申如一方面不允许小曼回来奔丧，另一方面反而让张幼仪以干女儿的身份参加了葬礼。故而大殡那日，她这个徐家如今的儿媳，却只能在硖石的旅馆里黯然垂泪。

在外人看来，徐家等于根本就未承认陆小曼这个儿媳。对此，陆小曼自然是十分生气，她更恼恨徐志摩没有为自己在父亲面前据理力争。社会舆论三流小报彼时对她颇多微词，丈夫长居北京，公婆并未承认等等流言一时间让她对周遭的生活也充满了排斥。那段时间，陆小曼开始努力拜师学画，平日里的行为也都有所收敛，画艺大大地进步了。

这一年，徐志摩与朋友一起创办了名为《诗刊》的一本诗歌杂志，他还接下了中华教育基金会准备翻译莎士比亚全集的译事工作。只可惜，他在几个月之后就去世了，我们既没能多读到经他甄选出的诗歌，也没能看到他参与始终的莎士比亚全集。不得不说，对于文学界，这是非常遗憾的事。

那一年，徐志摩为《醒世姻缘传》出版写了一篇长序，胡适曾评论这篇序是徐志摩一生中写得最严谨最长的文字。在这篇评论里，他不仅写了这部作品的评论以及地位，同样还写了自己对于婚姻关系、夫妻感情之间的一些真实感受。

在1931年8月，徐志摩出版了他人生中最后一本诗集《猛虎集》。"我心有猛虎，细嗅蔷薇"这句诗是英国诗人西格里夫·萨松的一句不朽诗句，它用来表现爱之细腻再恰当不过。徐志摩用这个意向，一方面展示着自己那如同猛虎的情怀，另一方面，诗歌就好像他的蔷薇一样，他需要细细去嗅，蓦地温柔。

那段时间，因为家在上海，工作在北京，徐志摩自然得两地奔波。当时的交通远没有现在这么发达便捷，火车太慢，京沪间距离又远，徐志摩只好想办法蹭飞机坐。他坐飞机很少花钱，基本都是蹭来的机票，既不用花钱速度还快，所以对于徐志摩来说没有什么比这更好的交通工具了。虽然陆小曼曾经劝过他，乘坐飞机是有风险的，但是考虑到囊中羞涩到已经没有什么钱来买火车票了，他也还是不管不顾地尽可能选择飞机了。

在北京的这段时间里，徐志摩还经常去探望林徽因。病中的林徽因与徐志摩交流了许多，他鼓励她努力写诗，将性灵深处那些感受用简单秀美的文字表达出来。林徽因在这段时间里也多有作品问世。徐志摩很高兴，他没有想到，自己对于曼殊菲尔一样女神的期待没能在陆小曼身上实现，却在林徽因这里找到了一丝丝慰藉。

十一月时，林徽因要在协和小礼堂给外国使节讲解中国建筑艺术，她邀请了徐志摩来听讲。虽然徐志摩当时行程非常紧凑，却仍是答应林徽因来参加这场讲座。毕竟，他想亲眼见证林徽因的成功，想要为她的表现加油。

　　他先去了南京一趟，而后赶回硖石老家，接着自然还是要回上海自己的家里。整个行程在那几天里都紧锣密鼓，身后仿佛有什么在催促一样。到上海家里时，映入徐志摩眼帘的又是烟榻上的小曼，一种最无力的感觉由他心底升起。他老生常谈一般劝小曼戒烟，不然对身体伤害太大。但陆小曼最讨厌的就是别人劝她戒烟，这下更是使了性子，随手便把烟枪往徐志摩脸上扔去。这一下并没打到徐志摩，但是却将他戴着的金丝眼镜给打碎了。徐志摩很是生气，他忍无可忍，扭头离开了。陆小曼以为他是离家出走，震怒和伤心之下，写了一封恶毒、冰冷的诀别信放在了桌上。

　　其实徐志摩只是一时生气去了朋友家。回家之后却看到了这封信，那些文字仿佛利剑一般戳进了他的胸膛，使得他浑身如浸冰窟。他随便穿了身衣服，拿起自己的行李箱转身就走。过了没多久，陆小曼开始后悔自己写的那些气话，她其实也只是一时情绪的发泄。但因此惹得徐志摩真的离家出走，她心下其实是并不想的。可是要拦也已经拦不住，她只好赶忙又写了一封信寄往徐志摩在北京的住处，"你走了我心如失"，她在信里说自己很后悔，跟他承认错误。若徐志摩真的能看到了这封信，大概也不会让他们两人有如此多的遗憾吧，至少最后一面不应该是彼此冷言相对的啊。

　　徐志摩一大早先是乘车前往了南京，住在何竟武家中。之后他去找杨杏佛,却不料杨杏佛已经出门了,便给杨杏佛留了便条表示自己很遗憾没见到他,现在要去张歆海、韩湘眉夫妇那里。只可惜张韩夫妇也已出门,徐志摩只好转去拜访曾在中央大学一起共事目前执教于金陵女大的布克夫人,也就是后来获得诺贝尔文学奖的赛珍珠女士。两人相谈甚欢,他还送了《猛虎集》给布克夫人作为留念。而后徐志摩去监狱看望了蒋百里,最后又折回了张歆海家。

令人欣喜的是,不止张歆海、韩湘眉夫妇回来了,杨杏佛也赶了过来。当晚几位老友在一起喝茶论诗,谈笑欢乐,徐志摩似乎暂时忘记了自己的那些痛苦。韩湘眉在劝志摩不要老坐飞机时,他还一脸轻松地开玩笑:"没关系,I aways want to fly。"他这句话既指自己坐飞机,另一方面还表明了自己精神上不受束缚,随意飞翔。韩湘眉又问他你这么乘飞机,小曼就没有说什么。徐志摩却开起了玩笑,说"小曼说,我若坐飞机死了,她做 MERRY WIDOW 去。"在座的朋友哄堂大笑,只道他没正经自我调侃,谁料这话却仿佛一语成谶似的。命运有时似乎就是这样,在你一个不经心、不留意时,它已经给你了预警,只是我们仍旧没有发现,继续过着自己的日子,之后想起来,才会后悔莫及。

其实徐志摩本来是打算搭乘 11 月 18 日张学良的福特式飞机回北京的。但临行前,张学良通知他因事需要改期。徐志摩因为答应了林徽因参加她的古代建筑艺术演讲,故而才在第二天迫不及待地搭乘了一架邮政机飞往北京。

飞机上的乘客加上徐志摩一共四位,他在临行前还托人发电报给林徽因夫妇要他们下午三点派车去南苑机场接机。飞机在徐州时做过一个短暂停留，另外三名乘客在此下机。不知是否有了什么预感，徐志摩发了一封电报给陆小曼："我现在在徐州机场，飞机还在加油、装物。我头痛得厉害，不想再飞了。我渴望回家，回到你的身边，喝一杯热茶，枕着你的臂安安稳稳地睡一觉……"只可惜那时通讯不发达，待到陆小曼收到电报要回给他时，惨剧就已然发生了。这封电报应是他留给人间的最后文字，他上了飞机，从此真的永远飞翔了，再也没能回到地面来。

下午两点左右，济南城南三十里的党家庄，因为遭遇了大雾，加之驾驶员疲劳驾驶的原因，飞机撞上了附近的山顶，当场坠落。坠落后的飞机立即燃烧起来，最后仅剩一个空架子。黑色的烟雾与原本的白雾纠结在一起，似乎是在与这世界做最后的抗争。

两名飞行员与一名乘客全部遇难。

徐志摩就这样飞走了，大概他心里还带有理想未竟的遗憾和对现实的无奈，毕竟他才三十五岁，他还有太多太多的事情不放心。

当天，梁家派去接徐志摩的车等到四点半也未见有飞机降落便回去了。林徽因给胡适打电话说明此事，胡适也只是怀疑飞机中途有其他变故，未想到会坠毁。20日，北平《晨报》刊发了消息：京平北上机肇祸昨在济南坠落！胡适见到报纸蓦地一惊，哑然失声，而后悲切地大叫起来："志摩出事了！"

他与林徽因通了电话，林徽因也看到报纸，但仍不敢确定也不相信徐志摩会去世。胡适上午去中国航空公司问询，请他们发电给南京航空公司。中午时，收到了南京方面的回电，证实徐志摩确实是死于那场空难。众人都被这个消息惊呆了，悲痛如同突如其来的冰雹，让人不及躲避。谁能想到志摩会出事呢？那个戴着金丝边眼镜，幽默斯文的朋友，大家明明还在一起讨论着诗歌文学，怎么可能就突然没了呢？

胡适在日记里这样记述当时的场景：

下午，思成徽因来，奚若来，陈雪屏孙大雨来，钱端升来，慰慈来，孟和来，孟真来，皆相对凄婉。奚若恸哭失声。打电话来问的人更无数。

朋友们纷纷从北京、青岛、南京、上海赶往济南想要见徐志摩最后一面，张幼仪也托人带着儿子徐积锴从上海赶去。但陆小曼并没有去，她不愿意相信徐志摩真的就这样不在了，他甚至还没有原谅她与他之间的争吵。处于极度悲伤中的陆小曼因为身体原因被朋友们劝阻住没能去济南见徐志摩最后一面，但也许不见才是最好的，这样，或许她就能相信她的志摩只是像寻常一样去北京了，没几日还会回来。

12月，在北京大学和上海都为徐志摩举行了追悼会，他的灵柩也被扶回老家硖石安葬。

父亲徐申如强忍着悲痛，为儿子写下了挽联：

考史诗所载，沉湘捉月，文人横死，各有伤心，尔本超然，岂期邂逅罡风，亦遭惨劫；

自襁褓以来，求学从师，夫妇保持，最怜独子，母今逝矣，忍使凄凉老父，重赋招魂。

在所有朋友的挽联里，蔡元培的那副也极有名，似乎最能抒写徐志摩的这一生：

谈话是诗，举动是诗，毕生行径都是诗，诗的意味参透了，随遇自有乐土。
乘船可死，驱车可死，斗室里我也可死，死于飞机偶然者，不必视为畏途。

也许，徐志摩只是厌倦了这个有些肮脏和现实的俗世，他跃上云端，在他的爱与美的世界里，自由地去翱翔了。他化作一朵雪花，透露出属于他自己的那份晶莹。

第二卷 夏冬·爱情

我有一个恋爱——
我爱天上的明星；
我爱它们的晶莹：
人间没有这异样的神明。

——《我有一个恋爱》

第一章　你有你的，我有我的，方向——张幼仪

"你总是问我，我爱不爱徐志摩。你晓得，我没办法回答这个问题。我对这问题很迷惑，因为每个人总是告诉我，我为徐志摩做了这么多事，我一定是爱他的。可是，我没办法说什么叫爱，我这辈子从没跟什么人说过'我爱你'。如果照顾徐志摩和他家人叫作爱的话，那我大概爱他吧。在他一生当中遇到的几个女人里面，说不定我最爱他。"

在晚年回忆起往事的时候，张幼仪说了以上这段话，让人不由感叹，也不由哀伤——爱或者不爱呢？这还真是很难说得明白的问题。

在很多人的印象里，张幼仪大概就是徐志摩所形容的那个土包子，觉得她也就是旧时家庭里出来的"糟糠之妻"，没文化、观念落后、相貌平庸，还裹着小脚。要不然，徐志摩怎么可能会那样讨厌她，甚至在她怀着孕的时候也依然执着地要抛弃她和她离婚？

但其实，我们现在再看老照片，张幼仪虽然算不上绝美，但也绝对是一位清秀佳人。而且在家庭背景上，张幼仪的祖父是清朝的知县，父亲张润之是当时宝山县的巨富。他们家原籍江苏宝山，世居真如，自小生活的环境，显然张幼仪要比徐志摩更好一些。而且在张家为张幼仪置办嫁妆时，因为嫌国内的家具货品不入眼，便专门派人前往欧洲购买。后来因为买得太多，一节火车皮都装不下，只好让张幼仪的六哥用驳船从上海运到硖石。

而且张家在当地，当真算作名门望族，张幼仪共有兄弟姐妹十二人，

她排行老八，在姐妹中排行老二，故而大家都叫她二小姐，这个称呼也延续到了徐家。在出嫁后许多年的岁月里，因为与她亲近，徐家的许多邻里亲朋，仍亲切地称呼她二小姐。她的大哥张嘉宝是上海棉花油厂的老板；二哥张君劢是宪法学家，是《中华民国宪法》的主要起草者，是中国民主社会党的创立人，而且他在儒学哲学方面也颇有造诣，名声可谓叱咤一时，在中国近代史上影响颇深；四哥张嘉璈是上海著名的金融家，先后出任过中国银行总经理、中央银行总裁，在金融界颇有盛名；八弟张嘉铸是中国蔬菜公司的老板，开发了黄豆的多种用途，他还曾参与徐志摩创办的新月书店，是徐志摩的好友；张幼仪的小妹张嘉蕊是知名的社会活动家、时装设计师。

可以看出，张家就门第而言，与徐家算得上是门当户对的，比之徐家，自然是只高不低，所以徐志摩的那个乡下土包子的说法，大抵也只是他为了诋毁这桩封建包办的婚姻而信口讲的。

张幼仪本人自出生后，受到了家里良好的熏陶，自然也逐渐养成了大家闺秀的性格。她小的时候，家里本来是打算给她裹小脚的，但被张君劢阻止了。她在十二岁的时候被家里送去了江苏省立第二女子师范学校读书。这个学校是当时的江苏都督程德全创立的，第一任校长是著名的教育学家杨达全。

张幼仪在学校里接受了先进的教育，只是可惜，三年后她便从女子师范退学，嫁给了徐志摩。

徐志摩与张幼仪的婚期定在1915年12月5日。

婚礼极其隆重——由萧山汤蛰先生证婚，新娘的嫁妆装满了一艘货船，硖石镇满眼都是喜庆的红色。大红喜报上，是写不完的美满情意词，宾客们口中，自然也是称道这对天作之合。似乎一切都是完美的，邻居们都带着孩子来看这场百年一遇的排场——那场婚礼最大程度地融合了西方的和现代的气息。传统与现代，在抵触与融合中，颇显得有些不伦不类。那日的张幼仪，头上戴着凤冠与盖头，但却穿着西洋白色婚纱，层层纱裙间，又绣着那些代表美好祝福的图案。红白相间，说不出哪里不好，但却总觉得哪里是不对的。

其实，张幼仪家教甚好，这也就造成了她的行止作派颇有些像那些读着古老闺训一路走来的旧式女子——"温柔典雅，三从四德。孝顺父母，唯令是行。问安侍膳，垂首敛容。言辞庄重，举止消停。戒谈私语，禁出恶声。心怀浑厚，面露和平。裙衫洁净，何必绸绫。梳妆谨慎，脂粉休浓……"故而，哪怕幼仪身上穿着洋装，可她内心里，依旧是传统女子。她并不是真的就没有脾气，她也有属于自己的尊严与骄傲，大家里养出来的女孩儿，又怎能不矜贵。但是她那些矜贵与骄傲，都在面对自己的丈夫时，化作了一种名曰顺从的古老妇德。

晚年的时候，张幼仪曾在书中回忆那年的婚礼：

"感觉到他的手已经伸到了盖头旁，我的心就突然抖了起来，有些害怕又有些期待。在婚礼前，我想了很久，在盖头揭开的一刻是不是该看着他的眼睛。但当那重重的盖头从面前消失时，我有些眩晕，还是无法迎接他的目光。他的表情是那样的严肃……我好想跟他说话,大声感谢命运的安排。我想说,我现在是徐家的人了,希望能好好侍奉他们……尽管我希望自己表现得像个新式女子,但发现做不到,只能看着他那尖尖而又光滑的下巴。"

其实徐志摩对这场盛大的婚礼并没有任何想法,如果有,大约就是隐隐的不耐烦和反感。对他来说,他刚刚考入北大预科,正准备出国留洋,大好的前途与明天就在眼前,可偏偏却要娶一个妻子拖累自己,何苦来哉?但对于他的父母来说,家里人丁兴旺才是最重要的事,在他出国之前,能为家中添丁加口那才是最重要的事儿。

可对于张幼仪来说,她才仅仅十五岁,眼前的一切都是陌生的。其实作为她本人来说,也并不想这么早就结婚,她还想把自己的学业读完,同学们和哥哥们对于父母让她退学都表示出很惋惜。但是,既然早早结婚是父母的意思,她又是一个孝顺的女儿,她自然就不会反抗了。之前她只在照片里见过徐志摩,戴着眼镜,很是斯文,听说还是北大的高材生。张幼仪其实心里是有些惴惴自己与这位丈夫不太能沟通的,但既然父母非常满意这门婚事,告诉她早结婚嫁人才是正经,那她也就顺着父母的意思嫁到了硖石。

热闹的婚宴与冷清的洞房花烛夜似乎形成了强烈的对比。彼时张幼仪还在安慰自己,也许是大家第一次见面,彼此都有些陌生吧。只是徐志摩那一味回避的态度,渐渐地还是让张幼仪发觉了。其实她也很想与他聊些其他的事情,比如说自己课本里那些未学完的知识。只是他漠然的态度令她打了退堂鼓。

　　淳厚的幼仪也是秉承着父母自小教的妇德规范自己，与公婆相处十分融洽，就连硖石的街坊邻居们，也都很喜欢这个看起来懂事善良的徐家少奶奶。所以当年认识她的人后来回忆时还说："其人线条甚美，雅爱淡妆，沉默寡言，亲故多乐于亲近之，然不呼其名，皆以二小姐称之。"

　　只是可惜，她那么那么好，却不是徐志摩想要的。徐志摩对于这桩父母之命媒妁之言的婚姻本来便有着强烈的抵触态度，正是年轻热血的时候，被强加上这样一桩自己没法反抗的婚姻，他并不知道错在哪里，也不知道自己该怎样去处理自己心里的那些不甘心。故而他将气便全撒在了张幼仪身上。他头一次看到张幼仪的照片便撇嘴嫌弃说乡下土包子，待到结婚后，由于张幼仪的情窦未开，也并不知该怎样讨丈夫欢心。反倒是她寡言和持重的性格，更加讨家中二老喜欢，这就让徐志摩对于这段婚姻，更加排斥。也许在他的眼里，这只是旧社会旧时代的一角，是他需要反抗与斗争的。

　　所以徐志摩在长子阿欢生下来后，完成了人生重大的传宗接代的任务后，便毫不犹豫地漂洋过海去往新世界了。他并没有和妻儿分离的痛苦，相反会觉得轻松。在他看来，那是一种即将到来的脱胎换骨，他即将与这些封建陈规作别，他会拥抱一个自由的新的时代。

　　在徐志摩留洋后，张幼仪在家里抚养幼子，侍候公婆，似乎日子也过得轻松了许多。至少不用整日战战兢兢地担心自己在哪里会惹到那位少爷不高兴了。只是，还是会落寞吧。夜深人静在哄阿欢睡着后，她一个人的夜晚里，仍是会牵挂那位重洋外的丈夫吧。

幼仪的二哥张君劢考虑到徐志摩留洋好多年，与自己的妹妹生活差距只会越来越大——这种分居生活实在不利于两人感情的发展与继续，而且阿欢也已经可以脱离母亲的襁褓了，故而他向徐家二老建议让幼仪去英国伴读。徐家父母自然是欣然同意，只是没想到，徐志摩也在回信中爽快地答应了让幼仪来英国伴读，甚至还满心恳切地给家里去信希望幼仪到来：

儿自离纽约以来，过二月矣！除与家中通电一次外，未尝得一纸消息。儿不见大人亲笔恐有年矣。儿海外留学，只影孤身，孺慕之私，不俟罄述。大人爱儿岂不思有以慰儿耶？……从前铃媳尚不时有短简为慰，比自发心游欧以来，竟亦不复作书。儿实可怜，大人知否？即今铃媳出来事，虽蒙大人慨诺，犹不知何日能来？张奚若言犹在耳，以彼血性，奈何以风波生怯，况冬渡重洋，又极安便哉。如此信到家时，犹未有解决，望大人更以儿意小助奚若，儿切盼其来，非徒为儿媳计也。

1920年底，张幼仪离开硖石，来到了欧洲。那时候，他们夫妻分离已经三年。三年里，家中也曾接到不少徐志摩的来信，可总是问安于父母，描述一下近况，而后关心一下幼子，对幼仪，却是很少提及。张幼仪心里惴惴，但又不是没有欣喜的，这次，是他希望她能够去陪他的。

张幼仪的船是从马赛上岸的，在很多年后，张幼仪描述当时的场景是这样的："我斜倚着尾甲板，不耐烦地等着上岸，然后看到徐志摩站在东张西望的人群里。就在这时候，我的心凉了一大截。他穿着一件瘦长的黑色毛大衣，脖子上围了条白丝巾。虽然我从没看过他穿西装的样子。可是我晓得那是他。他的态度我一眼就看得出来，不会搞错的，因为他是那堆接船的人当中唯一露出不想到那儿表情的人。"

女人的直觉是一种很神奇的东西。有一种说法说，深陷爱情中的女人如何判断这个男人是否爱你呢——如果你会问出这个问题，那么他就是不爱你的，或者不像你爱他那么多地爱你。

马赛港的冬天吹动着海面上的风，张幼仪心中那曾经有过的一丝丝渺茫的希望之光就这样被熄灭了。两人之间的沉默使得周围的气氛都有些尴尬。

他们需要先乘坐火车由马赛前往巴黎，再坐飞机去往英国。在巴黎，徐志摩甚至没有带着张幼仪去逛一逛巴黎的各处名胜，他只是给她买了几套新衣服来换下她土气的中式装扮，而后便匆匆地离去了。他大抵还是觉得带着她逛街是一件很为难的事，因为并没有那种心情与心思吧。

在飞回英伦的飞机上，张幼仪没忍住吐了出来，还险些吐到帽子里。幸亏徐志摩机智，拿了袋子给她。而后，目睹着眼前这位虽然已经穿了洋装，但是似乎一颦一笑一举一动都仍旧带着浓重家乡气息的妻子，徐志摩心里大概是充满了厌恶的，所以他便自然而然地嘲讽她"乡下土包子"。没想到，说完这话没多久，徐志摩也吐了。所以张幼仪不甘示弱，回敬了一句：我看你也是一个乡下土包子。

在英国的那些日子张幼仪过得并不幸福。当时徐志摩已经进入了剑桥大学皇家学院，他已经全身心地投入到他的文学中去。他在剑桥生活得闲适惬意，而且他还爱上了林徽因，并与她鸿雁往来频繁。但张幼仪并不了解这些。他们夫妻二人搬家到了沙士顿之后，她跟着一位女教师学习英文，然后她生活里最主要的事情就是为了徐志摩打理日常起居以及准备一日三餐。徐志摩平时很少在家里待着，他大部分时间都在学校。

张幼仪内心深处有些失望。其实在来英国前，她不是没有想过今后的打算。比如说到英国后继续读书，与丈夫夫唱妇随，两人也可以打破以前那种总是冷冰冰的僵硬关系。只是，到了英国后，这一切好像还与当初在硖石一样，她没能让他们两人之间的关系有任何的改变。

不久后，徐志摩让他的朋友郭虞裳搬进了他们住的房子和他们合租，但是此前他并没有与张幼仪商量过或是提过一次。屋子本来就很小，仅仅是两室一厅，这样一来原本有些沉闷宁静的环境就被打破了，无论如何，屋内终于有了一些人气。

在当时，如果说徐志摩与张幼仪之间还有什么交流的话，大概就是床笫之上的交流了吧。也就是这个原因，在现在讨论起徐志摩与张幼仪之间的关系时，大家才会对徐志摩大肆批评。有许许多多的男人或许都是这样，心里爱着一个，但是有生理需求时，才不管眼前的是谁呢。也就是在那段时间，张幼仪怀上了他们的第二个孩子。徐志摩一方面与林徽因书信往来，大谈文学艺术，追求着他的精神之爱；另一方面，沙士顿的家中，他却明里暗地地嫌弃着质朴的张幼仪，而后却在有生理需求时，利用张幼仪来享受身体上的鱼水之欢。

其实现在仔细看来，徐志摩似乎从未给张幼仪一个机会，让自己对她有所认识。或许他只是反感这桩封建家庭安排的婚姻，进而反感张幼仪这个人。很多时候，总觉得他甚至都没有将幼仪当作一个独立个体的人来看待。他一方面反对包办婚姻，另一方面自己在封建婚姻里，也充当着一个只将张幼仪当作附属品、从未给她应有的尊重的丈夫角色。张幼仪大约也时常会困惑，自己家中哥哥弟弟也不乏博学多才的，与他们聊天时也是有许多话题的，为何到了徐志摩这里，她便成了无法沟通的粗俗无知的女性。每当她想与他交流什么话题时，他总是嫌弃地回复一句你懂什么，这使得他们之间并无除了床笫以外的交流。

也许在徐志摩看来，张幼仪身上那些刻板、拘谨与他所想要追求的自由爱情是完全不同的东西，故而他对张幼仪的一切，也都是投以白眼。在之前给张幼仪请的英文老师因为他们家太远不肯再来教她的时候，徐志摩并没有为幼仪再找一个老师或是自己教她。他丝毫没有想过经过自己的启迪，张幼仪会否也能变成他所期盼的具有性灵的女子，他只想去追寻那些已然能给他爱的感受的灵魂伴侣。

而且那段时间里，他与林徽因书信往来频繁，内容都是用英文写的。信中内容已不得而知，但是徐志摩做这一切的时候都是背着张幼仪的。他们离婚后几年，与他们合租的郭虞裳才将这事告诉张幼仪：彼时林徽因寄给徐志摩的信并不会寄到他们家里，都是寄到家附近理发店对面的杂货铺。徐志摩每天早上都告诉张幼仪自己要去理发，而后堂而皇之地去拿信，即便如此，他也会害怕百密一疏，所以信的内容都是用的英文，这也侧面说明他为何不愿意张幼仪再继续将英文学下去。女人的直觉告诉张幼仪，徐志摩每日早出晚归大概是与女人有关的，只是当时完全被蒙在鼓里，找不出任何痕迹。

后来让张幼仪如临大敌的事情真的来了。有一天徐志摩告诉她，要带一个女子回来吃饭。张幼仪才这么一听，就猜测起这个要来的女人大概就是他在外面的其他女人，或许还是个洋妞，既然丈夫带她回家吃饭，那大概是要纳妾了。张幼仪这些想法确实是很旧式，若是徐志摩知道了大概会狠狠地驳斥她：他的爱情是唯一的，所以并不会纳妾而是离婚吧。

当时徐志摩带回家吃饭的女子并不是林徽因，而是一位同是中国留学生的明小姐。那位明小姐大约是徐志摩在伦敦时认识的朋友，邀请她回家吃饭只是一方面为了邀朋友一起聊天，另一方面大约也有试探张幼仪在这件事上看法的意思。

张幼仪惴惴不安地等来了这位明小姐。明小姐并没有她想象的那样美丽，甚至还有一些"不过如此"的失望感。明小姐头发很短，穿着海军蓝裙装，擦着暗色口红，看起来也是精心打扮过的，只是她竟然穿着一双中式的绣花小鞋，也就是说她是裹的小脚。张幼仪心中原本担心自己不如洋小姐的落差感迅速找了回来。甚至，幼仪心中有了一些得意：我们张家的姑娘可都没有裹脚，你一位留洋的小姐还裹脚，也不过是旧女子。这西装与小脚多不搭啊……

在餐桌上，幼仪与明小姐自如地交谈起来，因为她们俩都在上海生活过,所以竟然还有共同认识的人,话题展开得自然也是轻松愉快。可是,徐志摩很快接过话题与明小姐以及郭虞裳谈论起英国文学,谈话中还开始夹杂着不少英文,这一切对于幼仪来说都是那么陌生,她又被隔离出去了。被谈话排斥在外的张幼仪观察起在座的诸人,只是突然她发现,自己丈夫在谈话间隙,目光一直是在观察明小姐的小脚。张幼仪颇有些吃惊,明明丈夫因为自己不够洋气而嫌弃自己,可这会儿却又对人家小脚女人感兴趣。

晚上的时候,徐志摩果然跑去问幼仪看法。张幼仪一面让自己放平心态要显示自己正妻的大度,另一方面,还是将自己内心里那些不理解给表达了出来:"她看起来很好,虽然小脚和西服不搭调。"可是这话瞬间引起了徐志摩的暴怒:"我就知道,所以我才想离婚!"

在徐志摩看来,明小姐的小脚只是封建家庭的迫害,而张幼仪才是从内心里十分落伍的土包子。而且她心眼狭小,他只是想试探一下她对其他女性的看法,她却抓住明小姐的小脚缺陷不放,而没有平和地赞美别人,故而对张幼仪的评价又凭空加上了尖刻、嫉妒等等。

小脚与西服,这两个词瞬间给了徐志摩一个发泄渠道,也让他为他们的婚姻找到了一个比喻。张幼仪虽然不是小脚,但是她的思想和行为方式却是旧式的,是为小脚;而他从小接受新式教育又在英美留学多年,是为西服。因为他俩之间的差异在徐志摩看来太大了,故而他冲口而出说要离婚。

乍闻要离婚的消息,张幼仪很是震惊。她当时怀着第二个孩子彼得,而这个时候徐志摩对她提出要离婚，委实有些令人不齿。但陷入对林徽因热恋中的徐志摩却管不了许多，他让张幼仪去打胎。在那时候，打胎是非常危险的一件事，张幼仪痛苦地哀求他："我听说有人因为打胎死掉的耶。"徐志摩却冰冷冷地回复："还有人因为坐火车死掉的呢，难道你看到人家不坐火车了吗？"

徐志摩突然要离婚这个事实一瞬间击垮了张幼仪，她无法接受这种事实，转身由后门跑了出去。夜晚的凉风吹拂着，张幼仪仍旧是昏昏沉沉的，无法从那噩梦一般的事实中脱离。徐志摩紧追了出来，他拉住张幼仪，气喘吁吁："我以为你要自杀。"

他不是不知道离婚这件事对张幼仪造成的伤害会有多大，不然他也不会以为她会自杀。但是他却残忍地想要终结自己的这场婚姻，因为他想要与自己心目中的真爱双宿双飞。这件事徐志摩做的是极为自私的，但是他口口声声只讲自己这是反抗封建压迫的婚姻追求真爱与幸福，他从来都未曾站在张幼仪的角度，或者将张幼仪当作一个平等的人的角度来考虑过一点。

张幼仪自然是坚持不肯离婚，而且不止是她，就是徐家，也不肯让怀孕的儿媳失婚。

徐志摩却离家出走了。郭虞裳也自觉不应涉入太深，借口住在这里不方便搬走了。

沙士顿的公寓里只剩下了一个人生地不熟的怀孕妇女。她在英国这样一个异国他乡，言语不通，只认识一个叫作徐志摩的人，可这个人再也不会来这里，不想面对她，用他的方式想要逼迫她选择一条她从未想过的路。

这时徐家托人捎来话，问张幼仪愿不愿意只做徐家的媳妇，而不再做徐志摩的太太。

时间一天天地过去了，如果说刚开始的时候张幼仪还对徐志摩抱有什么幻想的话，在渐渐冷静后，她也就慢慢绝望了，甚至说有些清醒过来了。既然这是一场无望的等待，那她只能选择放弃。也不是没有想过带着孩子去自杀，但是性格里的那些坚韧逐渐露出头角，她必须坚强地活下去，就算为了自己为了孩子，也应该勇敢地面对眼前的这一切。

她收拾行囊，挺着大肚子，由伦敦来到了巴黎，幸好那里还有她的二哥张君劢。真是幸运，她家里也不是没有权势，至少在被丈夫抛弃后，她还有亲人可以依靠。只是对徐志摩的那些念想，大约也渐渐地淡了、薄了，他从她的生命中走出，再也不会出现在她的生命里。

后来，张幼仪随着七弟辗转去了柏林，生下了二儿子彼得。

然后终于有一天，徐志摩带着拟好的离婚协议来到柏林，那上面已经签好了他的大名。所有的一切都在等着张幼仪的一个签字，仿佛就能结束。而且为了显示这次离婚结果真实有效，徐志摩还请了几位证人，其中就有金岳霖。

彼时的金岳霖大概已经听了徐志摩讲自己心中所爱乃是林徽因，所以要结束这段无爱的封建婚姻。那时金岳霖还不知道徐志摩口中的这位完美女性是什么样子，更不知道自己终其一生，都将追随着她，与她比邻而居，和已经属于梁思成的她相爱。

面对着一纸离婚协议，幼仪问徐志摩，离婚这件事我能否问过我的父母再来作决定？徐志摩情急，连忙否定这个想法，他只焦急地表态，你晓得，我没有时间了，你一定要现在签字，林徽因……

终于还是将那个名字说了出来。而张幼仪的心也终于落入了万丈深渊。虽然她早已绝望，但眼见着自己的丈夫是因为另一个女人才与自己离婚，他的所有急迫、所有不满，甚至所有对自己的怨恨，都是因着那样一个人啊，林徽因。

张幼仪最终还是签下了自己的名字。那三个字很重，她想，她这一生对他最重要的时刻大约就是此时了吧，自己的三个字签下，他便回复他的自由身，他便能爱他所爱，他便可以离她而去。

想来也不是不悲哀的。在这段婚姻里，她从来都没能作过一次决定。决定与徐志摩结婚的，是两家父母；决定两人亲疏远近的，是徐志摩的情绪；决定离婚的，仍旧是徐志摩——只不过还得她来签下三个字，没料到自己原来也可做一次主角。

有的时候人生也正是这样。并不知道何时会遇见谁，也不知道何时会离开谁。能在自己手中掌握的时间太短，故而没有时间悲伤，只能在自己还有主动权时，努力向前。

在晚年的时候，张幼仪回忆说："去德国以前，凡事都怕；到德国后，变得一无所惧。"是啊，当她将整个人生最艰苦最难熬的这段时间都熬过了之后，她还有什么可怕的呢？古语说，置之死地而后生，张幼仪的人生也正是经历了这样一个阶段。在经历了这些痛苦之后，她便是一个永远坚强勇敢的张幼仪。

离婚后的张幼仪在德国独自抚养彼得，而且还进入了裴斯塔洛齐学院读幼儿教育专业。她终于可以不在家里做一个主妇照顾丈夫的日常起居一日三餐，而是成为一个留学生，进入欧洲的课堂，学习西方的学问知识。

但世事总非那么圆满。三年后，爱子彼得因为腹膜炎不幸夭折。次年她随八弟张嘉铸回到了上海。而后她又陪长子阿欢去北京念书，直到她的母亲去世，她又带着儿子回到了上海，投奔哥哥张嘉璈。在离婚后，徐家对张幼仪这个前儿媳依旧很好，一直都没有中断给她的经济供给，而且还把上海海格路的 125 号房产送给张幼仪。同样，张幼仪自己的哥哥也已经是中央银行副总裁，她在上海的生活，可以说是衣食无忧的。

颇值得一提的是，从离婚之后一直到徐志摩去世，徐志摩与张幼仪之间一直也没断了联系。徐家和张幼仪之间的关系更是亲密。徐申如夫妇将张幼仪认作寄女，甚至还在之后因看不惯陆小曼而搬去和张幼仪同住，可见他们与张幼仪之间的感情之深。而且张幼仪也一直抚养阿欢长大，一直到阿欢成年后，才考虑再婚的问题。

离婚后的张幼仪与徐志摩，反倒成了无话不谈的朋友。他俩通信频繁，倒是比做夫妻时关系融洽了许多。甚至，在徐志摩与陆小曼相恋后，为了躲避媒体颇多的捕风捉影以及周遭里的批判，他远遁欧洲，去德国看望张幼仪。那时他们的二儿子彼得刚刚去世,心情不佳的徐志摩与张幼仪还一起结伴同游欧洲散心。两人倒是做朋友却轻松自如了。而且徐志摩颇为欣赏离婚之后日益坚强的张幼仪,他给友人的信里还这样写过张幼仪:"C是个有志气有胆量的女子……她现在真的是'什么都不怕'。"

只是,于张幼仪来说,于世间任何一个女子来说,谁又想要这样的坚强与"什么都不怕"呢?若是有一个肩膀可以依靠,有风雨来时自然有人会替你遮挡,又有哪个女子需要自己风里来雨里去地坚强?

张幼仪由德国回国后先是在东吴大学教德语,做了一段时间的大学老师。后来她在哥哥张嘉璈的支持下出任了上海女子商业银行的副总裁,被人称为"中国第一位女银行家"。此后,她还出任过弟弟与徐志摩等人一起出资开办的云裳服装公司经理,将自己的经营能力以及生意头脑发挥得淋漓尽致,生意做得也颇为人称道。

后来,幼仪的二哥张君劢主持成立了中国民主社会党,她应邀管理该党财务,真正地成为了一个可以独当一面的女强人。而且她真的是一位极有生意头脑的人,不仅公司生意做得好,按现在来说,还极会投机。抗战爆发后,她还曾找准时机囤积过军用燃料,等价格翻了90倍后才出手,赚得盆满钵满。

想到徐志摩人生的后几年,日日为金钱驱使,到处兼课赚钱,就觉得其实他这样极浪漫主义的人,身后还是应该有一位像张幼仪这样可以帮他处理好所有金钱基础的贤妻在。但若是那样,徐志摩大概就不是我们所知道的那个徐志摩了吧。幸而,张幼仪本身也是很知礼的人,她一直对徐家二老十分孝顺，以干女儿的身份照顾二老，为二老送终。后来由于徐志摩死在了徐申如之前，而陆小曼又一直不被徐申如待见，故而徐申如的身后事也几乎是张幼仪一手操办的。

有前妻如此，不得不说徐志摩还是可以宽慰的。

其实自从离婚之后，张幼仪身边一直都不乏追求者。在德国期间，还有不少留学生对她表达爱意，问她是否考虑再婚，她都坚决拒绝了。而且在张幼仪的追求者中，还不乏许多社会名流，像著名的政治活动家、民盟的创始人之一罗隆基就是其中一个。只可惜罗隆基后来考虑到张幼仪或许是因为自己已有发妻才拒绝他，于是做了和徐志摩一样的事——逼自己的发妻同意离婚。只能说，选错了方式的罗隆基大概会和徐志摩一样，一个永远得不到张幼仪，一个永远得不到林徽因。

张幼仪离婚后一直抚养儿子寡居多年，一直到1953年在自己53岁时才在香港与一名叫作苏纪之的医生结婚。而且在婚前，她还专门写信征询了儿子的意见："母拟出嫁，儿意云何？"儿子徐积锴则在回信中这样写道："母孀居守节，逾三十年，生我抚我，鞠我育我，劬劳之恩，昊天罔极。今幸粗有树立，且能自赡。诸孙长成，全出母训……综母平生，殊少欢愉，母职已尽，母心宜慰，谁慰母氏？谁伴母氏？母如得人，儿请父事。"这封信写得情真意切，感人至深，张幼仪十分感动——原来自己这么多年的所有艰辛与痛苦，都有儿子看在眼里。

1972年苏医生去世，张幼仪赴美和儿子一起生活，1988年病逝于纽约，享年88岁。

其实在离婚时，徐志摩曾给张幼仪写信说："自由离婚，始兆幸福，皆在此矣。"由此可见徐志摩的绝情，但那句始兆幸福却仿佛真的印证了张幼仪之后的人生。除了与徐志摩婚姻的苦痛，她的一生其实非常圆满。在说起她的故事的时候，也有人曾经讲过她没有爱情却有幸福。只是幸福这件事，大概也是如人饮水冷暖自知吧。真的幸福吗？大概只能问张幼仪本人了。

徐志摩身边的诸多女性里，张幼仪可能是最容易被人忽视的一个。也许因为她的传统、她的顺从，使得很多人都将她归置为糟糠之妻那一类女子。但是，她又分明在离婚后将自己的生活过得风生水起，走向了另一种人生。后来徐志摩家中侄儿回忆起张幼仪，已经分明是女强人的类型："性格刚强，严于管束，大时尤甚，富于手段；很有主见，也很有主张，且相当主动……"但是梁实秋却赞她"极有风度"。

常常有人会说，徐志摩与张幼仪是包办婚姻，在这段婚姻里，张幼仪也未必有什么幸福可言吧，而且她真的对徐志摩有爱情吗？

张幼仪嫁给徐志摩，很大程度上是遵从了兄长的选择："想到了母亲的苦心，想到了四哥的慈爱，自己有什么理由不嫁给四哥相中的男人呢？"婚后为了侍奉公婆放弃完成学业，凡此种种都是她遵循传统的一面。

但是旧社会里，那么多的父母之命媒妁之言，难道所有的婚姻里都没有爱情吗？也不见得。只是传统的中国女性都比较碍于明目张胆地表达自己的爱意吧。就像张幼仪自己所说的："我没办法说什么叫爱，我这辈子从没跟什么人说过'我爱你'。如果照顾徐志摩和他家人叫作爱的话,那我大概爱他吧。在他一生当中遇到的几个女人里面,说不定我最爱他。"

张幼仪的爱,就如同许许多多的传统女性那样,她内敛且不善于表达。她写不出林徽因那些优美的句子来与人讨论文学,把自己的爱情诗意化;她也没有陆小曼冲破世俗枷锁为了爱情可以不顾一切的勇气。她的爱像乡间的溪流,清澈见底,却常年不断。虽然没有多少太浓烈的表达,但是她一直都在那里,爱着你。

第二章　你是天空中的一片云——林徽因

我说你是人间的四月天；
笑响点亮了四面风；
轻灵在春的光艳中交舞着变。

你是四月早天里的云烟，
黄昏吹着风的软，
星子在无意中闪，
细雨点洒在花前。

那轻，那娉婷，你是，
鲜妍百花的冠冕你戴着，
你是天真，庄严，
你是夜夜的月圆。

雪化后那片鹅黄，你像；
新鲜初放芽的绿，你是；
柔嫩喜悦，
水光浮动着你梦中期待的白莲。

你是一树一树的花开，

> 是燕在梁间呢喃,
> ——你是爱,是暖,是希望,
> 你是人间的四月天!

如果要说起林徽因与徐志摩之间的感情,大概需要从徐志摩与林长民之间的友情说起。林长民,字宗孟,幼名则泽,又号桂林一枝室主、双栝庐主人,曾两度留学日本,专攻政法,与梁启超是政坛好友。徐志摩对于林长民,久闻其名,深深仰慕。

1920年,因为政治上的失意林长民携女儿徽因在欧洲游历。到达伦敦后,他经常参加集会演讲,因为那收放自如的神采以及酣畅淋漓的讲说,使人听到后便如痴如醉。林长民本身又是位外表风流倜傥的人物,所以很快便在英国政界与文艺界名声大振。

徐志摩亦是这些演讲的听众,深深为林长民所倾倒,自然没有理由不结识。林长民对徐志摩也非常欣赏,"惊讶你清奇的相貌,惊讶你更清奇的谈吐",所以两人自然是一见如故,在异国他乡仿佛遇到故知一样,很快就结成了忘年交。

林长民与徐志摩两人几乎无话不谈,甚至林长民会毫不避讳地跟徐志摩提起自己的情史过往。无论是青涩少年时的风流倜傥,还是两鬓斑斑后的老来风流,都一一跟徐志摩分享。所以,在谈性正浓时,林长民建议他们俩装扮作一对情人来通信,他是有妇之夫,对徐志摩一见倾心但碍于束缚无法交好;而徐志摩是有夫之妇,对林长民乃是恨不相逢未嫁时。他们两人都是被层层枷锁束缚的,所以只好用通信的方式私底下进行着恋爱。

通信一直进行着,在那些为时不短的时光和岁月里,他们彼此扮演着不同的角色,隐忍着自己的爱恋,却又不得不用文字抒发自己的感情。

只是林长民可能没有发觉,渐渐地,自己这位忘年交的目光已经投向了自己的女儿。"论中西文学及品貌,当世女子舍其女莫属。"林长民给徐志摩介绍了自己的女儿时,徐志摩的心弦仿佛被神来之手拨动。

林徽因是这样一个女子啊,她气质古典,容颜如同精灵般貌美晶莹。因为艺术天分极高,她在诗文、音乐、绘画等方面都很在行。都说腹有诗书气自华,故而当她款款站在徐志摩面前时,只是蓦然一笑,徐志摩的心便完全沉沦。心中大抵是有些遗憾的,恨不相逢未"娶"时,或是怎么没能早一些遇见你的遗憾。除此之外,心中还涌上的大概就是那仿佛隐隐被燃起的星星之火,那股名叫爱情的火苗。

但是那时那刻,他只是她的小叔叔。那一年,徐志摩二十四岁,林徽因十六岁。

爱情有时候就像那一粒荒原上的小火种,一个不注意,便会成燎原之势。当一个人独处时,徐志摩总会想到林徽因。想起一起谈论艺术与诗歌时,她总能说出一些独特的令他惊叹不已的见解;想起溶溶月色下,她是那样的干净与美好;想起她,仿佛山涧清泉样瞬间滋润了他的内心。心底里对林徽因的眷恋越来越多,甚至,徐志摩开始觉得是不是林徽因对他也有什么不一样的感情呢?这着实有些一厢情愿,但他也有他的理由,比如说大家在一起讨论时落落大方的林徽因，在与他独处的时候就会露出仰慕与依恋。

所以，当那些爱情一旦燃烧成一把大火之后，徐志摩便彻底为了自己的爱情沸腾与疯狂了。他与林长民之间的情书对话依然在一封一封地继续，细心的林长民也渐渐发现徐志摩的情书里似乎有了许多热烈而血脉贲张的词句。同时，徐志摩还写了情书给林徽因，向林徽因表白，情书里，他写下了他的爱情，他热烈的可以燃烧一切的爱情。

林徽因直接将信交给了林长民，而林长民读过信后委实吓了一跳。他欣赏徐志摩的才华与才情，但却从未将他列入女婿的人选——徐志摩已有妻儿，又怎么可能给林徽因带来一个好的将来呢？于是他替女儿回信给了徐志摩："足下用情之烈令人感悚，徽亦惶恐不知何以为答，并无丝毫 mockery，想足下误解了。"

幸好，他们之间并没有因此而产生太大的隔阂。林长民与徐志摩之间还是互通情信的"lover"，而林徽因依旧是徐志摩印象中那个灵秀的女孩儿。只是心底突然而来的怅然，会时不时地击打着他，让他有许许多多的遗憾。

在那之后，徐志摩与家中通信让张幼仪来了英国。直到现在，大家都在猜测徐志摩为何会主动让张幼仪来英国？

有些人会认为，那是因为徐志摩在林徽因这里感情受挫，所以思及家中的妻儿，略有伤感，故而想让张幼仪来英国陪他。但是在马赛港见到张幼仪那一刻，他又觉得他的心完全不在张幼仪那里，依旧飘回了林徽因那儿。

还有一些人会认为，徐志摩之所以叫张幼仪来英国完全是计划好的，因为他仍旧想追求林徽因，并且他认为林徽因之所以拒绝他的原因是因为他已有妻儿，故而他要做中国近代史上第一个离婚的人。但是如果回家中提出离婚势必会遭到父母高堂的强烈反对，最后大约也就不了了之，但若是在英国，张幼仪只有单身一人，他再提离婚便容易许多了。

当时到底是什么原因，大约除了当事人，其他人已不得而知。但我们所知的便是，徐志摩在张幼仪来到英国后，又逼着张幼仪与自己离了婚，全然不顾张幼仪当时还怀着他的孩子。他的这种爱情太自私，甚至说太自我，全然不顾及其他人的感受，实话说，嫁给他是不会有幸福可言的。只是这件事，徐志摩意识不到，张幼仪没能意识到，而后来的陆小曼大约没有去意识。只有林徽因，早早地便瞧透了这点，所以对徐志摩只有暧昧，却没有爱情了。

林徽因是家中庶出的孩子，她的母亲是林长民的妾室，只有她一个孩子，在家里并不受宠。而她父亲的其他妻妾还有很多，而且还有好几个孩子。所以林徽因就是她母亲唯一的希望。一般大家族里，庶出的孩子都会比较早熟，甚至还有些敏感好强，所以在那样家庭成长起来的林徽因对爱情的态度是颇为守旧的。甚至她一早地就给自己的爱情划定好了方向。所以，虽然林徽因人在英国，但思想却是十分传统的。庶出的身份决定了她要早早地替自己作好有关婚姻的决定，因为她的婚姻一定程度上也决定了她母亲今后在家中的地位。

对于徐志摩，在十六岁的林徽因眼中他大抵还没有她来得成熟。他会为爱如痴如狂，他的爱情如同烈火燎原，是真挚得排斥一切其他物质存在的；可她一早地就看透了婚姻爱情的现实性——对于她来说，爱情固然美好，但是婚姻是更重要的东西，至少她得通过自己的努力让母亲在家中有一席之地。

故而，当徐志摩在给林徽因写情书诉说自己对爱情的憧憬，以及自己对她的迷恋的时候，林徽因的心情是复杂的。一方面，作为一个情窦初开时期的少女在遭遇到这么直截热情地示爱的时候，难免还是会心头小鹿乱撞；但另一方面，她也清楚地意识到徐志摩并不是适合自己的那位良人。固然他是个不错的人，但若说作为丈夫的人选来说，她还有大把条件相当甚至条件更好的人挑选，完全没必要为这位已婚男士驻留。

而且，徐志摩所向往的爱情是那种花前月下，他是"唯爱主义"的那一类人。在他的眼里，爱情是他创作的源泉，而他所爱着的女子正是他写诗的灵感与动力。在他的心目中，林徽因应该是圣洁如同女神一般的存在，他想要过的日子大概是和林徽因一起写诗、谈论文学、赏花望月，唯独，却没有属于她人间烟火的那部分实际生活。徐志摩所追求和向往的爱情，一定程度上是不成熟的，但也正是这种不成熟和追求爱情的纯度，使得他成为了一个优秀的诗人，或者说仅仅是诗人而已。

林徽因正是因为看清楚了徐志摩的爱情观，所以在一开始并没能给他回应。她大约也发觉了，徐志摩一直活在自己用幻想营造出来的一个属于爱与诗的世界里。"琴棋书画诗酒花"这些东西确实是能给生活增添情趣的，但是真实生活并不是这些东西堆就的，而是要靠实实在在的"柴米油盐酱醋茶"。或许，徐志摩所写诗赞美的林徽因，也只是他自己臆想出来的那个属于爱与诗的林徽因，并不是真正的她。如果他真的与她靠近，与她接触，他心目中女神的光环就会散去，而他此刻狂热的爱，也许就会转化为别的令人颓然的情绪。

　　甚至，在他提出了自己愿意为了她而离婚的时候，林徽因震惊了。眼前的这个男人竟然可以如此轻易地讲出离婚，并认为这是对封建包办婚姻的反抗——不得不说他除去写得一手好诗以外，在做人的事情上真的是差劲得可以。他所生活的世界中，大抵所有事情都必须以他为中心，以他的标准为准则，他并未曾站在别人的角度去思考一下这个问题究竟该如何处理。所以他并不可能迁就一个女子，也不可能时刻成为她的拥趸。对于林徽因来说，她虽然是庶出，但是自小周边的赞扬声也并不少，又怎么可能会选择成为他人的附庸呢？

　　而且，徐志摩虽然也是个不错的人，但在林徽因国内外周围的众多示好者中，他的条件也就不过尔尔了。他毕竟已婚，毕竟已经有了妻子儿子，毕竟年纪太大……想通了这些，林徽因倒似乎是可以从这件事中抽身出来看一看整个事件的发展了。他是否会真的要离婚呢？还是只是为了追求女子时随口说说的？她倒是想看看了。

　　恰好那时林长民要回国了，林徽因自然陪同老父。而林徽因的离开，倒似乎是给了徐志摩一种暗示——她离开了，给了他解决问题的时间。徐志摩真心有些着急了，心目中理想的爱情似乎就在不远的前方向着自己招手，而此刻他所需要做的就是冲破封建婚姻的牢笼。他拿着离婚协议书逼着张幼仪签字，而在张幼仪说出自己已经怀孕的事实后，他又全然不顾那是自己一时欢愉所播种下的种子而强硬地逼迫她去堕胎。在他的心里，只要此刻摆脱了张幼仪，他所面对的就是一个崭新的世界。所以他尽可能地用一切办法去扫除眼前的羁绊，对所爱的人一心一意肝脑涂地，而对不爱的人却不闻不问残酷冷血。他只对自己的爱情负责，却忘记了这个世界并不是由他自己一个人组成的。

但是在那段时间里，他从对婚姻的挣扎和对爱情的向往中获取了源源不断的灵感。他在这个时期的创作上取得了很大的成功，这也是他人生中创作内容最为繁华的一段时期。世间万物在他的笔下都化作了优美的诗歌，世事光景在他的字里行间都化为了真情与感动。他像是终于找到了自己该有的方向，在诗歌创作上达到了一种井喷的状态。

只是，这段时间的他也是孤独的。他身边没了张幼仪帮他排解生理上的欲望，而精神之恋林徽因也与他远隔万水千山。孤独使得他在文学创作上收获颇丰，但孤独也是一件痛苦的事，因为它蚀心腐骨，滋养相思。在相思之苦的折磨下，他放弃学业回国了，因为他想要见到林徽因，想要得到她。

只可惜回国后，徐志摩才知道他的世界里已经发生了许多颠覆性的改变。比如，一年多未曾相见，林徽因已经与他老师梁启超的儿子梁思成定下了婚约。而且打听之后才得知，梁思成与林徽因二人本就是青梅竹马，一直以来情投意合。这样说起来，他在英伦与林徽因相处的那段时光似乎只是她生命中一段小插曲而已。茫然的徐志摩将那些落寞的心情又发泄给了诗歌，而且不仅如此，他还将他的这段感情昭告天下。北京的文化圈子说大不大说小不小，他却总能碰见她。于是，在那一阵阵撕心挠肺的折磨下，徐志摩开始时不时地去见一下林徽因，给她写信，去她会出现的地方。他不仅不怕人知道，而且还将自己的爱意与众人分享。林长民是一直知道这件事的，这时候连老师梁启超也知道了，而徐志摩自己的父亲徐申如本就因为他离婚的事情气得要命，这时候更是火上浇油。徐志摩突然间就出了名，不仅仅是在文坛上以诗才出名，而且还因为他的爱情出名——他爱的还是别人的未婚妻。

不得不说在这件事上梁思成的表现相当洒脱。他也是知道徐志摩的情感的，但是在面对林徽因的时候他是有把握相信徐志摩并构不成什么威胁，所以并不担心。而且作为一个情感上的胜利者，总还是会有一些得意骄傲的心态的吧。但是徐志摩一次次地骚扰，也让他不胜其烦。那时候梁思成与林徽因常在北海公园的快雪堂谈恋爱，徐志摩打听到了那个地方就也常常在他们约会时厚着脸皮来找林徽因。刚开始的时候，梁思成自然热心接待，只是后来，他也忍不住提醒自己这个不断骚扰自己与未婚妻的朋友一下。后来他在快雪堂的门上贴了一张："Lovers want to be left alone."的字条，看到这句话的徐志摩黯然离去，原来他所爱的人已经和他人组成了"lovers"，他只是一个局外人。

其实，在选择结婚对象这个问题上，梁思成与徐志摩的区别显而易见。其一，梁思成与林徽因是标准的旧式婚姻，父母之命媒妁之言，这点其实对庶出的林徽因非常重要。她从小一直循规蹈矩，努力表现到最好不正是因为希冀得到家长们的重视与祝福，让自己的母亲在娘家不被人看扁吗？若是她真的选了追求自由恋爱这条路，除了得不到家人的祝福外，想必家中对于她做妾的娘亲自然又是冷嘲热讽的吧。而且与梁家结亲，虽然梁思成的母亲和姐姐都不喜欢她，但是梁启超对这个儿媳妇却十分欣赏。这位未来公公可是举世皆知的真名士，他的夸奖与赞赏自然大大提高她母亲在林家的地位。其二，如果上面那些原因是背景的话，那梁思成这个人才是林徽因选择的重点。他们俩从小便青梅竹马一起长大，而且又有共同的爱好，这段婚姻其实摒除了父母之命媒妁之言那一部分，两人即使是作为新式婚姻的结合者，也未尝不可。而且梁思成与徐志摩是完全不同的两种人，他宽容待人，温文和煦，他对事情并没有太强烈的企图心。他喜欢林徽因，便只是喜欢而已，而且甚至为了林徽因他可以将她的喜好变为自己的喜好。原本梁思成是学习绘画的，但是因为在林徽因与他谈建筑之后，梁思成毅然决定要去学建筑，而且真的就爱上了建筑艺术，最终成为一代大师。在这点上，梁思成的为了对方去改变与徐志摩的让对方为自己而改变就形成了强烈的对比。试想，如果徐志摩与林徽因结合了，也许中国会多一名出色的女诗人，他大概会千方百计将林徽因拉到诗歌的道路上来——他后来也并不是没有试着这样去改变过陆小曼。但是这些对于喜欢建筑的林徽因来说，就是一个大大的损失了。徐志摩的爱情以及作风太强势了，强势到他从不曾站在他人的角度去考虑事情，他并不会体谅别人的处境，他更不可能为了一个女人去改变自己的爱好与方向成为他人的从属。所以对于林徽因来说，孰优孰劣自然是显而易见的。在爱情的世界里，梁思成永远都是那个包容、爱护她的大哥哥，可以无微不至地照顾她、体谅她。

只是徐志摩并没有停止他对爱情的那些讴歌与赞美。他仍旧在各种场合丝毫不掩饰对林徽因的爱意，仍旧时时出现在她身旁。他认为这只是在追求自己的真爱，在茫茫人海中遇到真爱不易，故而一定要努力追求。

泰戈尔先生来华，活动中徐志摩林徽因一左一右扶着老诗人的照片登上了报纸，传言中的事情也在坊间开始蜚短流长起来。报纸上还有人专门渲染这事儿："林小姐人艳如花，和老诗人挟臂而行，加上长袍白面郊寒岛瘦的徐志摩，犹如松竹梅的一幅岁寒三友图。"众多的传言让徐志摩的心情也跟着活络起来，他心中原本对这段感情快要熄灭的火苗又重新燃烧起来。他对传言中的话深以为然，甚至央求了老诗人泰戈尔去帮自己与林徽因说情。对于他与林徽因，泰戈尔先生十分支持，不止一次与林徽因提过这件事，但是无论老诗人如何尽力，这件事还是没能成，所以在泰戈尔先生离开中国时，他还专门写诗送给了徐志摩与林徽因："天空的蔚蓝，爱上了大地的碧绿，他们之间的微风叹了声：'哎！'"

在泰戈尔先生离开后不久，林徽因与梁思成也去了美国留学，而徐志摩也彻底陷入了失去爱情的痛苦里。而后便发生了那件令人哭笑不得的"电报事件"：林徽因给许多位男士"群发"了电报，内容大约是讲我在国外过得很苦闷，希望你能给我发封电报，安慰、温暖我这颗孤单寂寞的心。

那时候的徐志摩刚刚陷入对陆小曼的迷恋中，但收到这封电报，仍旧毫不犹豫地跑去邮局想要回电报给林徽因。可是发报员看到了徐志摩的电报与地址后不由笑出来了，说先生在您之前已经有四位先生给同一个地址同一位女士发过电报了。徐志摩当场就表示这根本不可能，林徽因只有他一位男性密友。发报员大约是起了八卦之心，或者就是颇有些可怜这位深陷对他人爱情却已被抛弃的男士，所以将其他四个人拍的电报文都拿了出来给徐志摩看了。徐志摩一看，果然这四位都收到了林徽因的电报，而且还都是自己留美的老同学。徐志摩当时很生气，同时也很绝望，他将收到的电报内容拿给其中一位同学看，同学也傻眼了。徐志摩生气地写下了一首名为《拿回吧，劳驾，先生》的诗，一方面来讽刺自己的痴傻，另一方面，也是对林徽因如此的"无所谓"的控诉。不过也正是自此之后，徐志摩从林徽因那里毕业，彻底沉浸在陆小曼的世界里。

但是林徽因其实一直以来的异性缘都很好，她整个一生中都有许许多多出色的男士追随左右，无论她是已婚未婚。在美国的时候，即便身边已经有了梁思成，她也依旧和其他男人有过不少小暧昧。可以说，林徽因是在可控范围内玩儿暧昧的高手。她始终保持自己的婚姻这条线稳固，持节守礼，并未让自己与梁思成的恋爱以及婚姻亮起红灯。但同时，那些主线外的男人们，也在可控的范围内，尽可能地暧昧着，使其围绕在自己的身边——后来金岳霖也正是如此。后来，她对梁思成言明，自己爱上了金岳霖，而梁思成也愿意给她自由让她去选择老金。只是在这选择里，她还是毅然选择了家庭。她太清楚自己需要怎样的一个男人，怎样的一个丈夫，或者说怎样的一段婚姻。在她与梁思成的婚姻感情生活里，她做他的助手，与他一起研究建筑，琴瑟和鸣。她会选择梁思成这样一位宽容地接受她在情感世界里肆意漫游的丈夫，因为她知道，无论是徐志摩还是金岳霖，都不可能会做到这一点。

几年后，林徽因在给胡适的信里说起徐志摩："请你回国告诉志摩，我这三年来寂寞受够了，失望也遇多了。告诉他我绝不怪他，只有盼他原谅我从前的种种不了解。昨天我把他的旧信一一翻阅了，旧时的志摩现在真真透透地明白了。过去的就过去了，现在不必提了，我只求永远纪念着。"那年，正是1927年，林徽因即将正式与梁思成结婚，大抵身边的暧昧者散去不少，却在此刻开始怀念起少年时期的爱恋与追随者。彼时，徐志摩已经与陆小曼结婚许久，也是很久很久都没再联络林徽因了。而胡适也将话带给了志摩，自此两人也才慢慢恢复起了联络。

时光转向1931年，因为经济生活上的巨大压力，徐志摩开始在北京教书，而彼时林徽因也因为得了肺病的原因回北京养病。徐志摩常常去探病，给林徽因读诗，用诗歌来鼓励她，并且也劝她用诗歌调剂自己的生活。两人年少时在英伦的时光仿佛是共同的青春里的回忆一般，在此刻被提及，往往是隔着柔光中的无限美好。只是，他们都不可能再回到那段日子里了。他们现在的交往，更多的是文学中的交往，即便是传出绯闻，他们也只是微微一笑，因为知道那只会永永远远是绯闻了——毕竟他们也已经都有了不能割舍的婚姻。

到了这般光景，他们之间即便是有感情，也已是许多年来感情的沉积，也只是彼此将对方看作了自己生命中些许叫作美好的光亮。那种存在是徐志摩创作诗歌的动力与源泉，也是林徽因希冀走出病魔的希望。

可惜的是，徐志摩由南京赶来北平参加林徽因演讲，当时所乘坐的飞机在山东失事。这场演讲是一场一早就确定了的给外国使节们讲解中国建筑艺术的讲座，林徽因准备得很充分，邀请了徐志摩前来参加。徐志摩自然是不愿意错过林徽因大放异彩的这个时刻，算过当时的时间，虽然很紧张，但也并不是赶不上，就答应了下来。只是天公不作美，他并没能参加上她的讲座，而她也没等到他落地。

在徐志摩去世这件事上，林徽因的自责并不比陆小曼少。但是她也很清楚地意识到，她对徐志摩的感情永远都不可能胜过她对婚姻的坚定。后来写给胡适的信里林徽因这样写道："这几天思念他得很，但是他如果活着，恐怕我待他仍不能改的。事实上太不可能。也许那就是我不够爱他的缘故，也就是我爱我现在的家在一切之上的确证。志摩也承认过这话。"也许在林徽因的心里，此刻对徐志摩的感情，并不一定是全然的爱情，毕竟她并不会承认，甚至不会像之后向梁思成坦白自己爱上了金岳霖一般去承认。徐志摩于她而言，是许多年淡薄的感情自然沉积下来的结果，也是对自己当年最青春岁月时期的一种回忆。毕竟，他曾爱慕过她最美好的时代，而这个时代，现在的自己只能怀念。所以他就永远只能是她的人间四月天，而不能陪她走过人生的每一个春夏秋冬。

徐志摩去世两周后，林徽因从悲伤中回过神来，写下了情深意重的《悼

第二卷 夏冬·爱情

志摩》一文：

十一月十九日我们的好朋友，许多人都爱戴的新诗人徐志摩突兀的，不可信的，残酷的，在飞机上遇险而死去。这消息在二十日的早上像一根针刺触到许多朋友的心上，顿使那一早的天墨一般地昏黑，哀恸的咽哽锁住每一个人的嗓子。

志摩……死……谁曾将这两个句子联在一处想过！他是那样活泼的一个人，那样刚刚站在壮年的顶峰上的一个人。朋友们常常惊讶他的活动，他那像小孩般的精神和认真，谁又会想到他死？

突然的，他闯出我们这共同的世界，沉入永远的静寂，不给我们一点预告，一点准备，或是一个最后希望的余地。这种几乎近于忍心的决绝，那一天不知震麻了多少朋友的心？现在那不能否认的事实，仍然无情地挡住我们前面。任凭我们多苦楚的哀悼他的惨死，多迫切的希冀能够仍然接触到他原来的音容，事实是不会为我们这伤悼而有些许活动的可能！这难堪的永远静寂和消沉便是死的最残酷处。

我们不迷信地，没有宗教地望着这死的帷幕，更是丝毫没有把握。张开口我们不会呼吁，闭上眼不会入梦，徘徊在理智和情感的边沿，我们不能预期后会，对这死，我们只是永远发怔，吞咽苦涩的泪；待时间来剥削着哀恸的尖锐，痂结我们每次悲悼的创伤。那一天下午初得到消息的许多朋友不是全跑到胡适之先生家里么？但是除去拭泪相对，默然围坐外，谁也没有主意，谁也不知有什么话说，对这死！

谁也没有主意，谁也没有话说！事实不容我们安插任何的希望，情感不容我们不伤悼这突兀的不幸，理智又不容我们有超自然的幻想！默然相对，默然围坐……而志摩则仍是死去没有回头，没有音讯，永远地不会回头，永远地不会再有音讯。

我们中间没有绝对信命运之说的，但是对着这不测的人生，谁不感到惊异，对着那许多事实的痕迹又如何不感到人力的脆弱，智慧的有限。世事尽有定数？世事尽是偶然？对这永远的疑问我们什么时候能有完全的把握？

……

我认得他，今年整十年，那时候他在伦敦经济学院，尚未去康桥。我初次遇到他，也就是他初次认识到影响他迁学的狄更生先生。不用说他和我父亲最谈得来，虽然他们年岁上差别不算少，一见面之后便互相引为知己。他到康桥之后由狄更生介绍进了皇家学院，当时和他同学的有我姊丈温君源宁。一直到最近两个月中源宁还常在说他当时的许多笑话，虽然说是笑话，那也是他对志摩最早的一个惊异的印象。志摩认真的诗情，绝不含有任何矫伪，他那种痴，那种孩子似的天真着实能令人惊讶。源宁说，有一天他在校舍里读书，外边下起了倾盆大雨——惟是英伦那样的岛国才有的狂雨——忽然他听到有人猛敲他的房门，外边跳进一个被雨水淋得全湿的客人。不用说他便是志摩，一进门一把扯着源宁向外跑，说快来我们到桥上去等着。这一来把源宁怔住了，他问志摩等什么在这大雨里。志摩睁大了眼睛，孩子似的高兴地说"看雨后的虹去"。源宁不止说他不去，并且劝志摩趁早将湿透的衣服换下，再穿上雨衣出去，英国的湿气岂是儿戏，志摩不等他说完，一溜烟地自己跑了。

以后我好奇地曾问过志摩这故事的真确，他笑着点头承认这全段故事的真实。我问：那么下文呢，你立在桥上等了多久，并且看到虹了没有？他说记不清但是他居然看到了虹。我诧异地打断他对那虹的描写，问他：怎么他便知道，准会有虹的。他得意地笑答我说："完全诗意的信仰！"

"完全诗意的信仰"，我可要在这里哭了！也就是为这"诗意的信仰"他硬要借航空的方便达到他"想飞"的宿愿！"飞机是很稳当的"他说，"如果要出事那是我的运命！"他真对运命这样完全诗意的信仰！

志摩我的朋友，死本来也不过是一个新的旅程，我们没有到过的，不免过分地怀疑，死不定就比这生苦，"我们不能轻易断定那一边没有阳光与人情的温慰"，但是我前边说过最难堪的是这永远的静寂。我们生在这没有宗教的时代，对这死实在太没有把握了。这以后许多思念你的日子，怕要全是昏暗的苦楚，不会有一点点光明，除非我也有你那美丽的诗意的信仰！

我个人的悲绪不竟又来扰乱我对他生前许多清晰的回忆，朋友的原谅。

诗人的志摩用不着我来多说，他那许多诗文便是估价他的天平。我们新诗的历史才是这样的短，恐怕他的判断人尚在我们儿孙辈的中间。我要谈的是诗人之外的志摩。人家说志摩的为人只是不经意的浪漫，志摩的诗全是抒情诗，这断语从不认识他的人听来可以说很公平，从他朋友们看来实在是对不起他。志摩是个很古怪的人，浪漫固然，但他人格里最精华的却是他对人的同情、和蔼和优容；没有一个人他对他不和蔼，没有一种人，他不能优容，没有一种的情感，他绝对地不能表同情。我不说了解，因为不是许多人爱说志摩最不解人情么？我说他的特点也就在这上头。

我们寻常人就爱说了解；能了解的我们便同情，不了解的我们便很落寞乃至于酷刻。表同情于我们能了解的，我们以为很适当；不表同情于我们不能了解的，我们也认为很公平。志摩则不然，了解与不了解，他并没有过分地夸张，他只知道温存、和平、体贴，只要他知道有情感的存在，无论出自何人，在何等情况下，他理智上认为适当与否，他全能表几分同情，他真能体会原谅他人与他自己不相同处。从不会刻薄地单支出严格的迫仄的道德的天平指摘凡是与他不同的人。他这样的温和，这样的优容，真能使许多人惭愧，我可以忠实地说，至少他要比我们多数的人伟大许多；他觉得人类各种的情感动作全有它不同的，价值放大了的人类的眼光，同情是不该只限于我们划定的范围内。他是对的，朋友们，归根说，我们能够懂得几个人，了解几桩事，几种情感？哪一桩事，哪一个人没有多面的看法！如此说来志摩的朋友之多，不是个可怪的事；凡是认得他的人不论深浅对他全有特殊的感情，也是极为自然的结果。而反过来看他自己在他一生的过程中却是很少得着同情的。不止如是，他还曾为他的一点理想的愚诚几次几乎不见容于社会。但是他却未曾为这个吝啬他给他人的同情心，他的性情，不曾为受了刺激而转变刻薄暴戾过，谁能不承认他几有超人的宽量。

志摩的最动人的特点，是他那不可信的纯净的天真，对他的理想的愚诚，对艺术欣赏的认真，体会情感的切实，全是难能可贵到极点。他站在雨中等虹，他甘冒社会的大不韪争他的恋爱自由；他坐曲折的火车到乡间去拜哈岱，他抛弃博士一类的引诱卷了书包到英国，只为要拜罗素做老师，他为了一种特异的境遇，一时特异的感动，从此在生命途中冒险，从此抛弃所有的旧业，只是尝试写几行新诗——这几年新诗尝试的运命并不太令人踊跃，冷嘲热骂只是家常便饭——他常能走几里路去采几茎花，费许多周折去看一个朋友说两句话；这些，还有许多，都不是我们寻常能够轻易了解的神秘。我说神秘，其实竟许是傻，是痴！事实上他只是比我们认真，虔诚到傻气，到痴！他愉快起来他的快乐的翅膀可以碰得到天，他忧伤起来，他的悲感是深得没有底。寻常评价的衡量在他手里失了效用，利害轻重他自有他的看法，纯是艺术的情感的脱离寻常的原则，所以往常人常听到朋友们说到他总爱带着嗟叹的口吻说："那是志摩，你又有什么法子！"他真的是个怪人么？朋友们，不，一点都不是，他只是比我们近情，比我们热诚，比我们天真，比我们对万物都更有信仰，对神，对人，对灵，对自然，对艺术！

朋友们我们失掉的不只是一个朋友，一个诗人，我们丢掉的是个极难得可爱的人格。

至于他的作品全是抒情的么？他的兴趣只限于情感么？更是不对。志摩的兴趣是极广泛的。他始终极喜欢天文，他对天上星宿的名字和部位就认得很多，最喜暑夜观星，好几次他坐火车都是带着关于宇宙的科学的书。他曾经译过爱因斯坦的相对论，并且在一九二二年便写过一篇关于相对论的东西登在《民铎》杂志上。他常向思成说笑："任公先生的相对论的知识还是从我徐君志摩大作上得来的呢，因为他说他看过许多关于爱因斯坦的哲学都未曾看懂，看到志摩的那篇才懂了。"今夏我在香山养病，他常来闲谈，有一天谈到他幼年上学的经过和美国克莱克大学两年学经济学的景况，我们不禁对笑了半天，后来他在他的《猛虎集》的"序"里也说了那么一段。可是奇怪的！他不像许多天才，幼年里上学，不是不及格，便是被斥退，他是常得优等的，听说有一次康乃尔暑校里一个极严的经济教授还写了信去克莱克大学教授那里恭维他的学生，关于一门很难的功课。我不是为志摩在这里夸张，因为事实上只有为了这桩事，今夏志摩自己便笑得不亦乐乎！

此外他的兴趣对于戏剧绘画都极深浓，戏剧不用说，与诗文是那么接近，他领略绘画的天才也颇为可观，后期印象派的几个画家，他都有极精密的爱恶，对于文艺复兴时代那几位，他也很熟悉，他最爱鲍蒂切利和达文骞。自然他也常承认文人喜画常是间接地受了别人论文的影响，他的，就受了法兰（ROGER FRY）和斐德（WALTER PATER）的不少。对于建筑审美他常常对思成和我道歉说："太对不起，我的建筑常识全是 RUSKINS 那一套。"他知道我们是讨厌 RUSKINS 的。但是为看一个古建的残址，一块石刻，他比任何人都热心，都更能静心领略。

他喜欢色彩，虽然他自己不会作画，暑假里他曾从杭州给我几封信，他自己叫它们作"描写的水彩画"，他用英文极细致地写出西（边？）桑田的颜色，每一分嫩绿，每一色鹅黄，他都仔细地观察到。又有一次他望着我园里一带断墙半晌不语，过后他告诉我说，他正在默默体会，想要描写那墙上向晚的艳阳和刚刚入秋的藤萝。

对于音乐，中西的他都爱好，不止爱好，他那种热心便唤醒过北京一次——也许唯一的一次——对音乐的注意。谁也忘不了那一年，克拉斯拉到北京在"真光"拉一个多钟头的提琴。对旧剧他也得算"在行"，他最后在北京那几天我们曾接连地同去听好几出戏，回家时我们讨论的热情，比任何剧评都诚恳都起劲。

谁相信这样的一个人，这样忠实于"生"的一个人，会这样早地永远地离开我们另投一个世界，永远地静寂下去，不再透些许声息！

我不敢再往下写，志摩若是有灵听到比他年轻许多的一个小朋友拿着老声老气的语调谈到他的为人不觉得不快么？这里我又来个极难堪的回忆，那一年他在这同一个的报纸上写了那篇伤我父亲惨故的文章，这梦幻似的人生转了几个弯，曾几何时，却轮到我在这风紧夜深里握吊他的惨变。这是什么人生？什么风涛？什么道路？志摩，你这最后的解脱未始不是幸福，不是聪明，我该当羡慕你才是。

值得一提的是，1934年11月19日，徐志摩去世三周年。正巧那日林徽因与梁思成一起乘火车去南方考察，火车正好路过了徐志摩的家乡硖石车站，并在那里有一个短暂的停留。这期间林徽因下车感受了一下这个似乎与自己毫无关联，但却养育出了徐志摩这样一位追求者的地方。他曾生于斯，长于斯，此刻也长眠于此地，这里的山水秀美，可他们却再也见不到了。

1947年，林徽因的肺病早已转为肺结核，医生宣布了病危。大约知道自己将不久于人世，她托人带话给张幼仪，想看看她与她的孩子。如果说对于年轻时代，林徽因觉得有何亏欠，大概就是对张幼仪吧。张幼仪也是一样，在提起林徽因与陆小曼的时候，张幼仪的态度也是更讨厌林徽因，因为志摩是为了她才与自己离婚的，可她又跳了单。这次，张幼仪带着长子去看望了林徽因。两个年纪已过四十的女性，却因为彼此年轻时共同遇到过同一个男人产生了太多纠葛，这种怀念与悲伤的感觉，大概确实不太好吧。

在对待感情问题上，林徽因一直都是以自己婚姻为重的。如果说徐志摩的爱情很像他的那位表外甥女琼瑶的小说里一样，一切以爱情为主，爱情无比至上崇高的话，林徽因的爱情就有些像亦舒的小说了——女主人公一定是自爱自立，永远掂得清什么对自己才是最重要的。说到爱，哪怕其中多了许多功利的算计，并不纯粹，但至少不会让自己受到太多不顾一切追求爱情的伤害。

所以后来当她得知凌淑华那里保管了徐志摩的八宝箱，里面正好就有徐志摩记录当年他与自己在英国交往过程的《康桥日记》时，想尽办法，可以说是不择手段地将八宝箱拿到了自己的手里，后来也将那两本日记永远收藏在自己手里，未见于人世，引得陆小曼即使在徐志摩的文集出版后仍要在序言里狠狠地说这里收录的并不全。

对于林徽因与徐志摩之间的形容，真就像徐志摩所说的那样，"你像天空中的一片云，偶尔投影在我的波心"，他们之间的缘分实在也就仅仅是这样，很淡很薄，虽然会彼此铭记交汇那一刻的美好，但那光亮最后也就只能是存在于文学与诗歌中。

据说，林徽因让梁思成去开山捡回来了一块徐志摩所乘坐的坠机的残骸，后来一直悬挂在林徽因家的客厅里。这其中，有不少林徽因对徐志摩的思念，更是有许多梁思成对她的包容和理解。在爱情婚姻的选择上，林徽因终究还是选对了人，毕竟那个人，会陪她一路向前，会陪她在学业内一起研究，陪她携手走过国破家亡的抗战岁月，陪她一起坚持自己的城市美学设计观念而后被当时的社会环境与政治环境痛批，他陪在她身边，直至她走完人生的最后一天。

> 人间的季候永远不断在转变，
> 春时你留下多处残红，
> 翩然辞别，
> 本不想回来时同谁叹息秋天。

第三章　怎叫我不倾颓，怎叫我不迷醉——陆小曼

胡适说："陆小曼是北京城一道不可不看的风景。"

郁达夫也说："小曼是一位曾振动20世纪20年代中国文艺界的普罗米修斯。"

而刘海粟说得更多："陆小曼的旧诗清新俏丽；文章蕴藉婉约；绘画颇见宋人院本的常规，是一代才女，旷世佳人。"

看到这诸多赞美，是否就与印象中的陆小曼相差甚远了？一段时间以来，因为对徐志摩与林徽因的推崇，陆小曼常常被人描述为"交际花"一样的存在，在大众印象里仿佛就是一只花瓶，倒没有什么内涵似的，但事实真的如此吗？

其实说起来，陆小曼的家世比起徐志摩或者林徽因，只好不差，说到学识，除了没像他们一样出国留学外，她也是还在上中学期间就被顾维钧先生从学校中挑出来专门在外交部接待各国使节，精通英法两国语言了。

陆小曼由小到大，过得一直都是鲜花着锦样的生活。加上是独女，在家里也是备受宠爱。如果没有遇到徐志摩，她的人生似乎都在一切的理所当然中顺风顺水，只是可惜，又或者说是庆幸，她遇上了徐志摩，而后她也有了一个完全不一样的人生。

陆小曼一直都很喜欢票戏，昆曲、皮黄都很在行。如果用戏来说人生的话，她的人生大概构成了一出戏。与徐志摩的恋爱、成亲就是里面最精

彩的那一折，在那一场闭幕后，其他的不过是咿咿呀呀琐碎的情节了。

　　一定程度上，陆小曼与徐志摩的性格是颇有些相像的。他们都向往自由，为了真爱不顾一切，在世人的眼里有些离经叛道，但却是最大程度上尊崇自己的内心。所以，在徐志摩的引导下，陆小曼真的就敢在当时与王赓离婚，而后不顾一切地嫁给徐志摩。在当时，这场婚姻成了一时的传奇与佳话。

　　在民国初期，由于旧时代慢慢远去，思想刚刚得到解放，故而有关婚姻的这道枷锁也眼见着有了可以打开的可能性。但是也并不是所有人都有勇气去以身试法的。像当时胡适、郭沫若、鲁迅这些在文坛亦是响当当的人物就没有勇气去做离婚这种太过于离经叛道的事儿，去将自己并不幸福的婚姻画上休止符。他们顶多是将结发妻子放在家中不闻不问，而自己在外面再去寻找新的激情而已。所以在这种大环境下，徐志摩敢于用鲜明的态度去反对自己之前的婚姻，逼妻子与自己离婚，自己要去寻找新幸福，这种事情就显得有些另类了。别人都可以"明修栈道，暗度陈仓"，他却一定要在时代的大潮里高喊自由婚姻之可贵，大声反对包办婚姻，而后用身体力行的态度将自己送上了一条千万人吾独往矣的路。

　　只可惜他自己也未曾想过自己离了婚，却也被林徽因跳了单吧？林徽因并没能回应他这么热烈的情感，而是选择了梁思成，而徐志摩满腔的伤感，都化作了诗歌。他巨大的情感能量在隐忍着，急需要寻找到一个可以接受他情感的人。幸运的是，他找到了陆小曼；不幸的是，当时陆小曼已经嫁人了，丈夫还是他的同门好友王赓。

任何美好的情感都不可能是那么随心所欲就可以得到的，必须要付出努力、经历挫折，才能够知道它会有多么美好。如果说徐志摩与陆小曼的爱情是一出戏的话，那么此时的那段，大约就是最出彩的那一折吧。当时他们所需要面对的不仅仅是传统封建的婚姻思想，还有四面楚歌的舆论压力，还有已加身有法律效应的婚姻，要冲出这样的环境去赢得一场爱情，其艰辛可想而知。但古语说，置之死地而后生，就是在这样的环境下，他们也比以往更容易迸发出为了自己的爱情去挑战社会环境的勇气，有了要为自己的爱情不断前行、披荆斩棘的信念，有了对这段爱情最大的敬意和最深的坚持。但也就是在这种努力下，他们将自己的爱情想象得太过于美好，会以为得到了爱情就能得到一切，使得他们在面对婚后生活时，才会有那么大的落差。

那时的徐志摩是这样对陆小曼说的："曼，我怕，我真怕世界与我们是不能并立的，不是我们把他们打毁，成全我们的话，就是他们打毁我们，逼迫我们去死……我恨不得立刻与你死去，因为只有死可以给我们想望的清净，相互永远的占有……"这种强烈的宁愿共死的情感，使得他们在这场爱情的角逐中，获得了胜利，却也被那胜利的果实迷住了眼睛。

在追求爱情这一点上，陆小曼与徐志摩是极像的。她的坚持使得她最终从原来的婚姻中逃离出来。也使得她走上了一条完全不一样的路。而且就在丈夫王赓告诉她同意离婚之后，陆小曼发现自己怀孕了。真是无独有偶，在两段离婚中，都发生了怀孕这件事。但是，对爱情的向往使得陆小曼并不敢去用此考验徐志摩的爱情——让他去当别人孩子的爸爸这件事说起来不是每个男人都能接受的吧；更不敢告诉王赓——那样恐怕他也会收回同意离婚的话吧。她带着丫鬟悄悄找到了一个德国医生打掉孩子，但是手术并不成功，她从此失去了做母亲的资格。

在婚礼上，梁启超老先生当证婚人，那篇堪称另类的证婚词流传甚广。证婚词有两个版本，一个版本是："我来是为了讲几句不中听的话，好让社会上知道这样的恶例不足取法，更不值得鼓励。徐志摩，你这个人性情浮躁，以至于学无所成，做学问不成，做人更是失败，你离婚再娶就是用情不专的证明！陆小曼，你和徐志摩都是过来人，我希望从今以后你能恪遵妇道，检讨自己的个性和行为。离婚再婚都是你们性格的过失所造成的，希望你们不要一错再错自误误人，不要以自私自利作为行事的准则，不要以荒唐和享乐作为人生追求的目的，不要再把婚姻当作是儿戏，以为高兴可以结，不高兴可以离，让父母汗颜，让朋友不齿，让社会看笑话，让——"

这时梁启超被站在面前的徐志摩打断："恩师，请为学生和高堂留点面子。"梁启超真的是想到后面还有双方父母，才收起火气结尾：

"总之，我希望这是你们两个人这一辈子最后一次结婚！这就是我对你们的祝贺！"

另一个证婚词版本就比较长了：

徐志摩！陆小曼！你们的生命，从前很经过些波澜，当中你们自己感受不少的痛苦！社会上对你们还惹下不少的误解。这些痛苦和误解，当然有多半是别人给你们的；也许有小半由你们自招的吧？别人给你们的，当然你们管不着；事过境迁之后，也可以勿容再管。但是倘使有一部分是由你们自招呢？那，你们从今以后，真要有谨严深切的反省和勇猛精神的悔悟，——如何把痛苦根芽，划除净尽，免得过去的创痕，遇着机会，便为变态的再发。如何使社会上对你们误解的人，得着反证，知道从前的误解，真是误解。我想这一番工作，在今后你们的全部生命中，很是必要。这种工作，全靠你们自己，任何相爱的人，都不能相助。这种工作，固然并不难，但并不十分容易，你们努力罢！

你们基于爱情，结为伴侣，这是再好不过的了。爱情神圣，我很承认；但是须知天下神圣之事，不止一端，爱情以外，还多着哩。一个人来这世界上一趟，住几十年，最少要对于全世界人类和文化，在万仞岸头添上一撮土。这便是人之所以为人之最神圣的意义和价值。徐志摩！你是有相当天才的人，父兄师友，对于你有无穷的期许，我要问你，两性爱情以外，还有你应该做的事情没有？从前因为你生命不得安定，父兄师友对于你，虽一面很忧虑；却一面常常推情原谅，苦心调护，我要问你，你现在，算得安定没有？我们从今日起，都要张开眼睛，看你重新把坚强意志树立起，堂堂的做个人哩！你知道吗？陆小曼！你既已和志摩作伴侣，如何的积极的鼓舞他，做他应做的事业，我们对于你，有重大的期待和责备，你知道吗？就专以爱他而论，爱情的本体是神圣，谁也不能否认；但是如何才能令神圣的本体实现，这确实在乎其人了。徐志摩！陆小曼！你们懂得爱情吗？你们真懂得爱情，我要等着你们继续不断的把它体现出来。你们今日在此地，还请着许多亲友来，这番举动，到底有什么意义呢？这是我告诉你们对于爱情，负有极严重的责任，你们至少对于我证婚人梁启超，负有极严重的责任，对于满堂观礼的亲友们，负有更严重的责任。你们请永远的郑重的记着吧!

徐志摩!陆小曼!你们听明白我这一番话没有?你们愿意领受我这一番话吗?你们能够时时刻刻记得起我这一番话吗?那么,很好!我替你们祝福!我盼望你们今生今世勿忘今日,我盼望你们从今以后的快乐和幸福常如今日。

后来晚上回去,梁启超还将那篇证婚词同着写的家书寄给梁思成和林徽因,希望他们也能引以为戒,可见当时许多人对徐志摩与陆小曼这段婚姻其实是并不太看好,而且一定程度上是带有敌意的——如此冒天下之大不韪的爱情,委实是会引得太多人瞩目。

刚刚结婚的徐志摩与陆小曼在走完了艰难的爱情抗争路后,自然少不了过一些蜜里调油的日子。刚刚结婚,两人几乎都是你侬我侬的相处状态,可这状态在徐志摩父母的眼中,就颇有些看不惯了。按照婚前的约定,他们二人回到了硖石和父母同住,但是小夫妻俩都是西洋做派,像陆小曼饭量小、胃口不好,徐志摩便会替她吃完剩下的半碗饭;陆小曼跟徐志摩撒娇,他便会背着她上楼梯,或者干脆抱上去。这些情侣间的小打小闹看在徐志摩父母的眼中,颇有些自己这么多年培养出来的儿子竟然给人家当下人的感觉,自己老两口辛辛苦苦养育了这么多年的儿子,竟然要去吃媳妇的冷剩饭!本来徐申如夫妇对于离婚再嫁的陆小曼就没有什么好感,这下更是气愤。老两口不愿意再和儿子媳妇一起生活下去,搬去和他们心里的标准儿媳人选张幼仪去同住了。这件事让陆小曼的心里突然间就对这段婚姻起了第一个疙瘩,虽然张幼仪是他们认的干女儿,但毕竟是徐志摩的前妻,老两口这一走,几乎是给陆小曼一记迎面而来的耳光。

其实徐申如夫妇虽然开明开通,但在对待儿媳选择这件事上还是比较保守的。他们两口子并没有想过,陆小曼的娇气和"虐待"自己儿子的表现,正巧是他们儿子最喜欢也最受用的。前儿媳张幼仪就是太不谙此道,没有表现出这些小儿女情怀,才会让徐志摩那么坚决地抛弃她。

而后因为战争的原因,徐志摩与陆小曼逃难到了上海。倏然间,他们原先那种卿卿我我的神仙日子过完了,需要面对的则是坠入世间的苦难了。如果说一段爱情是空中楼阁的话,那经营爱情大概就得是人间烟火了吧。徐志摩与陆小曼之间的矛盾,是从他们内部开始慢慢产生的,原本的好戏已经落幕,情节急转,他们也必须得经历他们自己作出的选择了。

到上海后的陆小曼很快就成为上海交际圈中最闪亮的明星。她擅长交际,又爱跳舞,戏又票得好,很快便交到了一大群朋友。而且她的朋友里,大多都是像翁瑞午那种有钱有闲的世家子弟,与陆小曼很谈得来,也玩得到一处,只是徐志摩并不喜欢陆小曼的这一类朋友,他最厌烦的就是陆小曼引着朋友来家中打麻将,两个人之间的平静生活也慢慢被打破了,开始出现了裂痕。

上海毕竟不是硖石,只有那一小方地方可以去,离开了家也不知道还能做些什么。既然徐志摩不喜欢陆小曼在家引朋友打麻将,她就出去玩儿。陆小曼总是有应酬,这个酒会那个舞会的,找她的人数不胜数。到最后,徐志摩连自己老婆的面都见不到了。而后陆小曼因为身体不好的原因,开始吸食鸦片,她在烟榻上吞云吐雾的样子渐渐成了徐志摩的梦魇——他大概从来都没有想过自己苦苦追求的爱情会变成这个样子。

在徐志摩的心里,爱情与诗是一样重要的。他总希望他与陆小曼不仅仅是生活上的伴侣,还要是文学上的知己。他向往的是像英国诗人白朗宁夫妇那种爱情与婚姻。所以他一直希冀去寻找的也是一个可以激发他诗歌创作的灵感,让他可以将自己对于世间一切美好都折射在对方身上的一个人。所以他要找到不仅仅有美貌,还要有很高的文学修养的这样一个人来与他进行性灵上的对话的人。曾经一度,在遇见陆小曼的时候,他以为找到了毕生所求,她要美貌有美貌,要学识有学识,她让他经历了"春的投生",她让他坠入爱情的深渊无法自拔。在一定时间里,在那些热恋的日子里,陆小曼就是徐志摩全部灵感的源泉。只是,当现实的生活一日又一日地过去,他们必须得从那些诗歌的光圈中,走回到现实生活中来。

徐志摩值得称道的一点便是,在他心目中,爱情永远都是至高理想,是第一位的。他与很多男人不同,当他发现现实生活与他想要的爱情并不同时,他没有选择放弃,他只是认为,他的小曼被迷惑了。小曼只是还没有意识到她的美好,所以他开始极力想要改造小曼,希望她成为他心目中的那个高雅的、有灵性的文艺女子。他的所有努力在于不断改造陆小曼,希望她"迷途知返",希望他们的婚姻可以向着他所希望的那种性灵的结合的方向发展。

但是,在他还未将他的小曼改造回来的时候,他发现了另外一件事儿,就是他养不起陆小曼了。一切情感问题在现实生活中都变成了最基本的问题——钱的问题。陆小曼那时每月里大概要花掉五六百大洋，相当于对现在来说要每月两三万人民币。徐志摩只是一个普通教书匠，只是个普通文人，他并不像那些上海滩大亨们一样可以养得起名花，在那段时间里，从小也是养尊处优从未为钱发愁过的徐志摩几乎做了所有他能用来赚钱的事儿——同时在几所学校兼课，给出版社编书，出版多部书稿，倒卖古玩字画，倒卖房产，甚至挪用恩厚之预付给他的中国乡村建设计划的钱，即便是那样，在那段时间里，家中还是有些入不敷出。

到后来那段时间，周围不少朋友已经劝他与陆小曼离婚，可他仍旧是希望陆小曼做出改变，不忍离婚。对他来说，他与陆小曼已经是彼此间的第二段婚姻，如果再次离婚，他倒还好，小曼在周围人的眼中，大概就难以做人了。更何况，他又该怎么陈述离婚的理由呢？养不起？那他倒还真是说不出口。千辛万苦地将陆小曼娶回来，众人眼中的皇后放在家里自然是一件有面子的事情，但若是因为养不起而离婚，那真是唐突佳人。

不仅如此，若是真的离婚了，那大概也就证明了他所谓的追求自由婚姻与爱情是真的错了吧，曾经那样的轰轰烈烈，最终却只能走向末路，岂不是真应了当初说他们婚姻是笑话的那些人的话？所以他只能继续着改变小曼、拯救小曼的路。在他的心里，小曼可以成为一个画家，成为一个诗人，成为一个作家，有可能她便是中国的曼殊菲尔，总之她不可以是如今这个慵懒地躺在烟榻上的女人。

徐志摩每天都给陆小曼写信，还将曼殊菲尔的日记送给她，他将自己的诗作拿给陆小曼看，希望她能有所触动。他希望陆小曼能够将兴趣从跳舞票戏打牌转向画画写诗，这样，至少她的兴趣就没有那么奢侈费钱了。他所期待的生活，是精神上的贵族，物质上的贫民。

只是，这所有的一切，毕竟是对另外一个人的改造。在徐志摩去世后周围众多对陆小曼的批评中，在此后若干年世人对陆小曼的批评中，大家似乎都忽略了一个非常重要的问题，陆小曼是一个作为个体的人，她已经成年，有自己一贯以来的生活习惯和兴趣，她很难被改造。

陆小曼自小到大都被富养，从来没有因为金钱的问题忧虑过。她从小受的是最新式的教育，上过中国最早的幼儿园。在学生时代，一直都是走在时尚前列的人，学校里的女同学们皆以她的穿着打扮作为效仿的对象。待到后来在外交部实习，也是中外各路名流们追捧的对象，穿着打扮衣食住行也都没有差过。男宾们皆以帮她拿大衣拎包为荣幸。第一任丈夫也供养得起她大手大脚的花费，在物质上从未亏待过她，所以在她的眼中，丈夫在外面赚钱是件很容易的事儿，她的花销都是理所当然的，又怎么可能节衣缩食，去做物质上的贫民呢？至于鸦片，陆小曼自小身体就不是很好，后来经人介绍才用鸦片镇痛提神。她也不是上瘾，主要还是因为身体不佳的原因，故而若是没有重大的生活变故，是不太可能下决心去戒掉的。

在她的心里，钱财从来都是身外物。据说，好莱坞有影视公司曾经因为她在京城交际圈的名头，邀请她去美国拍电影——一定程度来说，她应该算作第一个被好莱坞邀请去美国拍电影的中国人吧。影视公司给她寄来了五千美元的酬劳，这对于很多人来说应当是极其幸运的事情了，但在陆小曼眼里却不然，她说我一个中国人，去美国当什么明星啊，不去。故而手一挥,又将那五千美元寄了回去。

　　事实上,陆小曼一直都过着完全自由独立自主的日子,她精神上也是追求独立的。如果不是这样,她也是不会勇敢地与王赓离婚嫁给徐志摩的。但徐志摩因为她这样的个性娶到了她,此刻又妄图想要改变她这种个性,这其实是不太现实的。即便她个性中有许多不好的地方,她不上进、爱玩乐,但这毕竟就是她,一个完完全全的她。夫妻间,很多时候并不是谁改变谁,而是彼此适应对方,双方都应该承认彼此的差异性,只有这样,婚姻才能长久。大概徐志摩所不能理解的也正是这一点。

　　徐志摩出事的那天,他和小曼在上海的家中原本悬挂在墙上的一幅相框忽然掉下来了,玻璃碎了,杂乱地落在徐志摩的照片上。陆小曼看到后心中一直乱跳,但又觉得大概是自己想多了。第二天噩耗传来,她当场晕倒在家中。其实她一直是爱他的,她只是觉得那个人是自己的丈夫了,觉得他会一直都在,不远不近地就在她的身边,她何时回头,都能看到他在那里。

　　醒来后,她嚎啕大哭,直至哭干了眼泪。郁达夫的妻子王映霞这样描述当时小曼的模样:"下午,我换上素色的旗袍,与达夫一起去看望小曼,小曼穿一身黑色的丧服,头上包了一方黑纱,十分疲劳,万分悲伤地半躺在长沙发上。见到我们,挥挥右手,就算是招呼了,我们也没有什么话好说,在这场合,说什么安慰的话都是徒劳的。沉默,一阵长时间的沉默。小曼蓬头散发,大概脸都没有洗,似乎一下老了好几个年头。"

　　小曼大概从来都没有想过,他们的婚姻会只有五个年头,也没有想过他们总有一天会阴阳两隔。这一年，她也不过才二十八岁而已，就已经是一位寡妇了。

当时社会上的舆论对陆小曼批评很尖锐，几乎很多人都认为就是因为她的奢侈荒淫，才逼得徐志摩疲于奔命地来往于京沪两地，最终客死在旅途之中。陆小曼的心中不是没有忏悔的，但是她心里的苦又有谁知道呢？当时她跟王映霞描述自己婚后的生活时说："照理讲，婚后生活应该过得比过去甜蜜而幸福，实则不然，结婚成了爱情的坟墓。志摩是浪漫主义诗人，他所憧憬的爱，是虚无缥缈的爱，最好永远于可望而不可即的境地，一旦与心爱的女友结了婚，幻想泯灭了，热情没有了，生活便成了白开水，淡而无味。志摩对我不但没有过去那么好，而且干预我的生活，叫我不要打牌，不要抽鸦片，管头管脚，我过不了这样拘束的生活。我是笼中的小鸟，我要飞，飞向郁郁苍苍的树林，自由自在。"

他们之间的问题，大概陆小曼直到此刻才看明白。这话，非得是经历了如此大悲大痛又被千夫所指，才想得通。大约聪明如林徽因和凌淑华，早早地便明白了徐志摩是那种只适合谈恋爱的男人，若是结婚离得太近，反倒失去了最初的神秘感和诗意。情深似海的爱情与每日要过的日常生活，实在是有太大的不一样的。她不可能每日追随他的脚步与他一起讴歌描写爱情，他也不可能每天陪她去票戏跳舞。本就是两个不一样的人，若是强行想要把对方变成和自己一样的存在，变成自己的附属品，那这段爱情离走到尽头也不远了。

若是徐志摩没有飞机失事，大概他们两人间的婚姻也很极其艰难，最终难以为继。分手大概是必然的事，只是时间早晚而已。如果又面对一次离婚，徐志摩在下次婚姻时所选择的，大概仍旧是他全身心爱的女人，而之后的婚姻，难免又会重蹈覆辙。他是徐志摩，让他从理想爱情至高无上的世界里走出来的话，那他大概也就不是徐志摩了吧。大概他得到最终的最终，才会悟出其实张幼仪才是最适合他的那个女子吧。一个主外，一个主内；一个诗情画意，一个持家经纪。他为了寻找真的幸福，努力从包办婚姻里走出来，认为离婚才能得到真正的幸福；但是这场离婚却仿佛是他一生悲剧的开始，那场有关爱的追求之旅，最终真的成为了别人眼里的笑话。

徐志摩去世两周后，林徽因便写了一篇《悼志摩》来怀念他，而陆小曼非得到了一个月之后，才平复回心情，写下了一字一血泪，一字一悔恨的《哭摩》：

我深信世界上怕没有可以描写得出我现在心中如何悲痛的一支笔。不要说我自己这支轻易也不能动的一支。可是除此我更无可以泄我满怀伤怨的心的机会了，我希望摩的灵魂也来帮我一帮。苍天给我这一霹雳直打得我满身麻木得连哭都哭不出，混身只是一阵阵的麻木。几日的昏沉直到今天才醒过来知道你是真的与我永别了。摩！慢说是你，就怕是苍天也不能知道我现在心中是如何的疼痛，如何的悲伤！从前听人说起"心痛"我老笑他们虚伪，我想人的心怎会觉得痛，这不过说说好听而已，谁知道我今天才真的尝着这一阵阵心中绞痛似的味儿了，你知道么？曾记得当初我只要稍有不适即有你声声在旁慰问，咳，如今我即使痛死也再没有你来低声下气的慰问了。摩,你是不是真的忍心永远的抛弃我了么?你从前不是说你我最后的呼吸也须要连在一起才不负你我相爱之情么?你为甚不早些告诉你是要飞去呢?直到如今我还是不信你真的是飞了,我还是在这儿天天盼望着你回来陪我呢,你快点将未了的事情办一下,来同我一同去到云外去优游去吧,你不要一个人在外逍遥,忘记了闺中还有我等着呢?

这不是做梦么,生龙活虎似的你倒先我而去,留着一个病恹恹的我单独与这满是荆棘的前途来奋斗。志摩,这不是太惨了么?我还留恋些甚么?可是回头看看我那苍苍白发的老娘,我不由一阵阵只是心酸,也不敢再羡你的清闲爱你的优游了,我再哪有这勇气,去丢她这个垂死的人而与你双双飞进这云天里去围绕着灿烂的明星跳跃,忘却人间有忧愁有痛苦像只没有牵挂的梅花鸟。这类的清福怕我还没有缘去享受!我知道我在尘世间的罪还未满,尚有许多的痛苦与罪孽还等着我去忍受呢。我现在唯一的希望是你倘能在一个深沉的黑夜里,静静凄凄的放轻了脚步走到我枕边给我些无声的私语让我在梦魂中知道你!我的大令是回家来探望你那忘不了你的爱人了,那时间,我决不张皇!你不要慌,没有人会来惊扰我们的。多少你总得让我再见一见你那可爱的脸我才有勇气往下过这寂寞的岁月,你来吧,摩!我在等着你呢。

事到如今我一些也不怨,怨谁好?恨谁好?你我五年的相聚只是幻影,不怪你忍心去,只怪我无福留,我是太薄命了,十年来受尽千般的精神痛苦,万样的心灵摧残,直将我这一颗心打得破碎得不可收拾?到今天才真变了死灰的了也再不会发出怎样的光彩了。好在人生刺激与柔情我也曾尝味,我也曾容忍过了。现在又受到了人生最可怕的死别。不死也不免是朵憔萎的花瓣再见不着阳光晒也不见甘露漫了。从此我再不能知道世间有我的笑声了。

　　经过了许多的波折与艰难才达到了结合的日子,你我那时快乐直忘记了天有多高地有多厚,也忘记了世界上有忧愁二字,快活的日子过得与飞一般的快,谁知道不久我们又走进愁城。病魔不断的来缠着我,它带着一切的烦恼,许多的痛苦,那时间我身体上受到不可言语的沉痛,你精神上也无端的沉入忧闷,我知道你见我病身吟呻,转侧床笫,你心坎里有说不出的怜惜,满肠中有无限的伤感,你虽慰我,我无从使你再有安逸的日子,摩,你为我荒废了你的诗意,失却了你的文兴,受着一般人的笑骂,我也只是在旁默默自恨,再没有法子使你像从前的欢笑。谁知你不顾一切的还是成天安慰我,叫我不要因为生些病就看得前途只是黑暗,有你永远在我身边不要再怕一切无谓闲论。我就听着你静心平气的养,只盼着天可怜我们几年的奋斗,给我们一个安逸的将来,谁知到如今一切都是幻影,我们的梦再也不能实现了,早知有今日何必当初你用尽心血的将我抚养呢?让我前年病死了,不是痛快得么?你常说天无绝人之路,守着好了,那知天竟绝人如此,哪儿还有我可以平坦着走的道儿?这不是命么?还说甚么?摩,不是我到今天还在怨你,你爱我,你不该轻生,我为你坐飞机,吵闹不知几次,你还是忘了我的一切叮咛,瞒着我独自飞上天去了。

　　完了,完了,从此我再听不见你那叽咕小语了,我心里的悲痛你知道么?我的破碎的心留着等你来补呢,你知道么?唉,你的灵魂也有时归来见我么?那天晚上我在朦胧中见着你往我身边跑,只是一霎眼就不见了,等我跳着,叫着你,再也不见一些模糊的影子了,咳,你叫我从此怎样度此孤单的岁月呢，真是叫天天不应，叫地地不响，苍天因何给我这样残酷的刑罚呢！从此我再不信有天道，有人心，我恨这世界，我恨天，恨地，我一切都恨，我恨他们为什么抢了我的你去，生生的将我们一颗碰在一起的心离了开去，从此叫我无处去摸我那一半热血未干的心，你看，我这一半还是不断流着鲜红的血，流得满身只成了个血人，这伤痕除了那一半的心回来补，还有甚么法子叫她不滴滴的直流呢？痛死了有谁知道，终有一天流完了血自己就枯萎了。若是有时候你清风一阵的吹回来见着我成天为你滴血的一颗心，不知道又要如何的怜惜何等的张皇呢！我知道你又看直着两个小猫似眼珠儿乱叫乱叫着，看，看，得了，我希望你叫高声些，让我好听得见，你知道我现在只是一阵阵糊涂，有时人家大声的叫着我，我还是东张西望不知道声音是何处来的呢，大令，若是我正在接近着梦境，你也不要怕扰了我梦魂像平常似的不敢惊动我，你知道我再不会骂你了，就是你扰我从此不睡我也不敢再怨了，因为我只要再能得到你一次的扰，我就可以责问他们因你骗我说你不再回来，让他们看看我的摩还是丢不了我，乖乖的又回来陪伴着我了，这一回我可一定紧紧的搂抱你再不能叫你飞出我的怀抱了。天呀！可怜我，再让你回来一次吧！我没有得罪你，为甚么罚我呢？摩！我这儿叫你呢，我喉咙里叫得直要冒血了，你难道还没有听见么？直叫到铁树开花，枯木发声，我还是忍心着等，你一天不回来，我一天的叫，等着我哪天没有了气我才甘心的丢开这唯一的希望。

你这一走不单是碎了我心，也收了许多朋友不少伤感的痛泪。这一下真使我们感觉到人世的可怕，世道的险恶，没有多少日子竟会将一个最纯白最天真，一个不可多见的人收了去，与人世永诀。你也许到了天堂，在那儿还一样过你的欢乐日子,可是你将我从此就断送了,你从前不是说要我清风似的常在你的左右么?好,现在倒是你先化作一阵清风飞去天边了,我盼你有时也吹回来帮着我做些未了的事情,要是你有耐心的话,最好是等着我将人事办完了同着你一同化风飞去,让朋友们永远只听见我们的风声而不见我们的人影,在黑暗里我们好永远逍遥自由的飞舞。

　　我真不明白你我在佛经上是怎样一种因果,既有缘相聚又因何中途分散,难道说这也有一定的定数么?记得我在北平的时候,那时还没有认识你,我是成天的过着那忍泪假笑的生活,我对人老含着一片至诚纯白的心而结果反遭不少人的讥诮,竟可以说没有一个人能明白我,能看透我。一个人遭着不可言语的痛苦,当然不由的生出厌世之心,所以我一天天的只是藏起了我的真实的心而拿一个虚伪的心来对付这混浊的社会,也不希望再有人来能真直的认识我明白我。甘心愿意从此自相摧残的快快了此残生,谁知道就在那时候遇见了你,真如同在黑暗见着了一线光明,垂死的人又透了一口气,生命从此转了一个方向。摩摩,你的明白我,真可算是透彻极了,你好像是成天钻在我的心房里似的,直到现在还只是你一个人是真正懂得我的。我记得我每遭人辱骂的时候你老是百般的安慰我,使得我不得不对你生出一种不可言喻的感觉,我老说,有你,我还怕谁骂,你也常说,只要我老明白你,你的人是我一个人的,你又为甚么要去顾虑别人的批评呢?所以我哪怕成天受着病魔的缠绕也再也不敢有所怨恨的了。我只是对你满心的歉意,因为我们理想中的生活全被我的病魔来打破,连累着你成天也过那愁闷的日子。可是二年来我从未见你有一些怨恨,也不见你因此对我稍有冷淡之意。也难怪文伯要说,你对我的爱是 Complete and true 的了，我只怨我真是无以对你，这，我只好报之于将来了。

　　我现在不顾一切往着这满布荆棘的道路上去走，去寻一点真实的发展，你不是常怨我跟你几年没有受着一些你的诗意的陶么？我也实在是惭愧，真也辜负你一片至诚的心了，我本来一百个放心，以为有你永久在我身边，还怕将来没有一个成功么？谁知现在我只得独自奋斗，再不能得你一些相助了，可是我若能单独闯出一条光明的大路也不负你爱我的心了，愿你的灵魂在冥冥中给我一点勇气，让我在这生命的道上不感受到孤立的恐慌。我现在很决心的答应你从此再不张着眼睛做梦躺在床上乱讲，病魔也得最后与它决斗一下，不是它生便是我倒，我一定做一个你一向希望我所能成的一种人，我决心做人，我决心做一点认真的事业，虽然我头顶只见乌云，地下满是黑影，可是我还记得你常说"受苦的人没有悲观的权力"。一个人决不能让悲观的慢性病侵蚀人的精神，同厌世的恶质染黑人的血液。我此后决不再病（你非暗中保护不可），我只叫我的心从此麻木，再不问世间有恋情，人们有欢娱，我早打发我心，我的灵魂去追随你的左右，像一朵水莲花拥扶着你往白云深处去缭绕，决不回头偷看尘间的作为，留下了我的躯壳同生命来奋斗，等到战胜的那一天，我盼你带着悠悠的乐声从一团彩云里脚踏莲花瓣来接我同去永久的相守，过吾们理想中的岁月。

　　一转眼，你已经离开了我一个多月了，在这短时间我也不知道是怎样的过来的，朋友们跑来安慰我，我也不知道是说甚么好，虽然决心不生病，谁知一直到现在它也没有离开过我一天，摩摩，我虽然下了天大的决心，想与你争一口气，可是叫我怎受得了每天每时悲念你时的一阵阵的心肺的绞痛，到现在有时想哭眼泪干乾得流不出一点，要叫，喉中痛得发不出声，虽然他们成天的逼我喝一碗碗的苦水，也难以补得了我心头的悲痛，怕的是我恹恹的病体再受不了那岁月的摧残，我的爱，你叫我怎么忍受没有你在我身边的孤单。你那幽默的灵魂为甚么这些日也不给我一些声响？我晚间有时也叫他们走开，房间不让有一点声音，盼你在人静时给我一些声响，叫我知道你的灵魂是常常环绕着我，也好叫我在茫茫前途感觉到一点生趣，不然怕死也难以支持下去了。摩！大令！求你显一显灵吧，你难道忍心真的从此不再同我说一句话了么？不要这样的苛酷了吧！你看，我这孤单的人影从此怎样的去闯这艰难的世界？难道你看了不心痛么？你一向爱我的心还存在么？你为什么不响？大令！你真的不响了么？

徐志摩离世后的陆小曼，彻底变成了另外一个人。在朋友们的只言片语中，可以看出来，她是真的枯萎了。在志摩去后，一直到她自己去世的那几十年间，她深居简出，再也不出门应酬，不参加社交，一身素衣，在明明还很年轻的岁月里，就开始过起了未亡人的生活。她守着辛苦岁月时光的荒凉与凄惶，背着世人的不解与指责漫骂，为徐志摩整理文集出版。

"多少前尘成噩梦，五载哀欢，匆匆永诀，天道复奚论，欲死未能因母老；

万千别恨向谁言，一身愁病，渺渺离魂，人间应不久，遗文编就答君心。"

其实在徐志摩离去的那些岁月里，明里暗里追求她的人并不在少数，前夫王赓也表示了可以复婚的心意，但她显然已经没有力气再爱了。她在翁瑞午的供养下，度此残年，后来便委身于翁瑞午。她每日必做的事情便是给徐志摩的照片前换上新鲜的花朵，而后看书习画。到后来，绘画成了她谋生的手段。大概这种陆小曼才是徐志摩最初想要的吧，只是隔了生死，他再也看不到了。

陆小曼的母亲吴曼华在提到小曼与志摩之间的关系时说，志摩害了小曼，小曼也害了志摩，两人是互为因果的。作为一个在他们身边的长辈，吴曼华看得极清楚。他们俩都是太极端的人，陷入了爱情之后便无可自拔，他们因为爱而努力生活在一起，却又因为彼此太尖锐的棱角而互相伤害。说起来，这样的爱情端的是有限浓情，却又无限心酸。

不管怎样，徐志摩的这段置身于乌托邦的爱情，在被现实生活打得遍体鳞伤后，又因为他的坠机去世，在世人眼里以悲剧收场。

逝者已矣，而生者却在继续着沉痛。

因为徐申如的拒绝，陆小曼没能被允许参加徐志摩的葬礼，没能看到他入土。

而后，1933年的清明，当陆小曼孤身去硖石给徐志摩上坟时，茕茕子立的一个人站在坟前，所能想到的却是前世今生的哀愁。这段感情已了，可她的人生却仍在继续，远处的徐家一直都不肯接纳她，而天下之大，她却已没有了可以去的地方。当时她写了一首旧体诗，时至今日，拿出来读依旧可以感觉出她彼时的心伤：

> 肠断人琴感未消，
> 此心久已寄云峤。

> 年来更识荒寒味,
> 写到湖山总寂寥。

　　人生那出咿咿呀呀的戏,演到此刻似乎已经只剩余响。原来姹紫嫣红开遍,到最后,她的情情爱爱,都已经付与了这些似水流年。

　　在人生结束之际,陆小曼的遗嘱里所嘱咐的也不过就是想与徐志摩合葬在一处。这个愿望,她家中的侄子侄女们多方努力,却都在徐家人的干扰下没能得以实现。时至今日,陆小曼仍旧葬在苏州东山华侨公墓。香魂一缕,仍旧在异地他乡漂泊,那里没有她的摩摩,亦没有她熟悉的亲朋,没有她在北京时的歌舞升平,也没有在上海时的十里繁华。青山绿水,长此为伴。

后记　四季·毕生行径都是诗

在春风不再回来的那一年，
在枯枝不再青条的那一天，
那时间天空再没有光照，
只黑蒙蒙的妖氛弥漫着，
太阳，月亮，星光死去了的空间；
在一切标准推翻的那一天，
在一切价值重估的那时间：
暴露在最后审判的威灵中，
一切的虚伪与虚荣与虚空：
赤裸裸的灵魂们匍匐在主的跟前；
我爱，那时间你我再不必张皇，
更不须声诉，辨冤，再不必隐藏，
你我的心，像一朵雪白的并蒂莲，
在爱的青梗上秀挺，欢欣，鲜妍，
在主的跟前，爱是唯一的荣光。

古诗里说,自古美人如名将,不许人间见白头。后人如我们,看到了张幼仪、林徽因和陆小曼,她们每个人在年老时的照片,只能感慨,依稀可见当年的风华。唯有徐志摩,他永远地被定格在了那个二三十岁的年纪,照片里显得年轻而斯文,明明没有笑,却可见春风十里。

有人说,徐志摩之所以现在被大家记住,是因为他年纪轻轻就去世了,是因为他的那些轰轰烈烈的爱情。至于他是一个诗人,倒仿佛是这些的附带品。

其实,他的人生是属于诗意的,他一直活在自己营造出来的带有诗意的世界里,在这个世界里他用诗来描写美好,用诗来揭露丑恶,他用他的理想主义追求他的爱情,经营他的生活,而后用一种说起来最为诗意的方式结束了自己的生命。他飞向天际,永永远远地活在一个理想的高度,似乎不食人间烟火,但所有的这些,令他的诗在今天广为人知。

提及他,现代人会羡慕他丰富的感情生活——男人羡慕他几乎遇见了当时年代所有引人注目的女子,与她们恋爱;女人们则倾慕他竟然可以那样用尽一生力气去表达自己的爱情,用爱去抗争时代。

但是他的诗呢?嗯,也许只是诗人的附属品吧。

其实,任何事物都不能脱离时代背景单独来看。徐志摩生活在国内新旧观念交替撞击的年代里,他又在美英留学多年,而他最终在英国找到了自己毕生的方向和灵魂的方向——文学与诗歌。他的文学作品和诗歌受英国诗人的影响非常大,透露着浓浓的追寻性灵的味道。

故而他回国在报纸杂志开始发表诗歌之后,如鲁迅先生那样以笔为刀与旧时代斗争的文人们，对于他的作品其实是嗤之以鼻的。国人长久以来对文学的态度都是文以载道，尤其在那样一个乱世，国内军阀战争频繁，在国际社会上又常被歧视，文人究竟应该持着什么样的态度，创作什么样的作品，就成了矛盾的焦点。

在徐志摩看来，他追求至善至美的生活，追求一切美好的东西。在他的笔下，我们似乎总能沐浴在和暖的阳光下，清风徐来，如沐春光。他希冀借助对美的追求来开启国民对于爱与美的追求，来获得更美好的精神享受，却没能注意到，广大的国民百姓，正挣扎于乱世的战火烽烟里。现代的普通人也会在他的诗歌里找寻爱与美的力量，探寻灵魂深处的悸动，可是在当时，大概也只有少许多与他相同背景的知识分子和学生们，才会对他的诗歌投以青眼。

他用他的毕生诠释了诗歌，也在诗意到极致后离开。他的死成了一段遗憾，但也成就了一段传奇。有时很难想象如果他当时没有去世的话，之后要过什么样的日子。

大抵总是会经历婚姻不幸、烽烟战火、全民抗战。所有的一切，都难以想象他将会以什么样的心态来面对。所以有时总会感慨，幸好，他去世了。

在经历了时光流转，现代人再去仔细读他的诗的时候，大概就真的能够获得那些有关灵魂悸动时的力量了吧。在一个灵魂荒芜的时刻，塑造爱与美，总是至关重要的。想是如果他泉下有知，知道如今他的诗句成为了众多年轻一代探寻爱情时的文艺必备品，也会略略露出欣慰的笑意吧。

2008年的时候,在徐志摩的精神故土——剑桥大学的皇家学院竖立起了一块白色大理石石碑。上面镌刻了那首他最广为人知的《再别康桥》,无论是河畔的金柳还是软泥上的清荇,隔着几十年的时光,仍旧招摇着这位诗人的理想。

在春风不再回来的那一年,他笔下的新月即使已经由圆到残,但是这人世间永存的那轮新月,依旧是一年又一年,由残到圆。

附录：徐志摩诗集

雪花的快乐

假如我是一朵雪花，
翩翩的在半空里潇洒，
我一定认清我的方向
飞扬，飞扬，飞扬，
这地面上有我的方向。

不去那冷寞的幽谷，
不去那凄清的山麓，
也不上荒街去惆怅
飞扬，飞扬，飞扬，
你看，我有我的方向！

在半空里娟娟的飞舞，
认明了那清幽的住处，
等着她来花园里探望
飞扬，飞扬，飞扬，
啊，她身上有朱砂梅的清香！

那时我凭借我的身轻,
盈盈的,沾住了她的衣襟,
贴近她柔波似的心胸
消溶,消溶,消溶
溶入了她柔波似的心胸!

去吧

去吧,人间,去吧!
我独立在高山的峰上;
去吧,人间,去吧!
我面对着无极的穹苍。

去吧,青年,去吧!
与幽谷的香草同埋;
去吧,青年,去吧!
悲哀付与暮天的群鸦。

去吧,梦乡,去吧!
我把幻景的玉杯摔破;
去吧,梦乡,去吧!
我笑受山风与海涛之贺。

去吧,种种,去吧!
当前有插天的高峰;
去吧,一切,去吧!
当前有无穷的无穷!

沙扬挪拉一首(赠日本女郎)

最是那一低头的温柔,
像一朵水莲花不胜凉风的娇羞,
道一声珍重,道一声珍重,
那一声珍重里有蜜甜的忧愁。
沙扬娜拉!

落叶小唱

一阵声响转上了阶沿
(我正挨近著梦乡边;)
这回准是她的脚步了,我想——
在这深夜!

一声剥啄在我的窗上
(我正靠紧著睡乡旁;)
这准是她来闹著玩——你看,

我偏不张皇!

一个声息贴近我的床,
我说(一半是睡梦,一半是迷惘:)——
"你总不能明白我,你又何苦
多叫我心伤!"

一声喟息落在我的枕边
(我已在梦乡里留恋;)
"我负了你"你说——你的热泪
烫著我的脸!

这声响恼著我的梦魂
(落叶在庭前舞,一阵,又一阵;)
梦完了,呵,回复清醒;恼人的——
却只是秋声!

这是一个懦弱的世界

这是一个懦弱的世界:
容不得恋爱,容不得恋爱!
披散你的满头发,
赤裸你的一双脚;

跟着我来,我的恋爱,
抛弃这个世界,
殉我们的恋爱!

我拉着你的手,
爱,你跟着我走,
听着荆棘把我们的脚心刺透,
听着冰雹劈破我们的头,
你跟着我走,
我拉着你的手,
逃出了牢笼,恢复我们的自由!

跟着我来,
我的恋爱!
人间已经掉落在我们的后背,
看呀,这不是白茫茫的大海?
白茫茫的大海,
白茫茫的大海,
无边的自由,我与你与恋爱!

顺着我的指头看,
那天边一小星的蓝——
那是一座岛,岛上有青草,
鲜花,美丽的走兽与飞鸟;

快上这轻快的小艇,
走到那理想的天庭——
恋爱,欢迎,自由——辞别了人间,
永远!

不再是我的乖乖

一

前天我是一个小孩,
这海滩最是我的爱;
早起的太阳赛如火炉,
趁暖来和我做我的功夫:
在这海砂上起造宫阙;
哦,这浪头来得凶恶,
冲了我得意的建筑,——
我喊一声海,海!
你是我小孩儿的乖乖!

二

昨天我是一个"情种",
到这海滩上不发疯;
西天的晚霞慢慢地死,
血红变成姜黄,又变紫,

一颗星在半空里窥伺,
我匍匐在沙滩上画字,
一个字,一个字,又一个字,
谁说不是我心爱的游戏?
我喊一声海,海!
不许你有一点儿的更改!

三
今天!咳,为什么要有今天?
不比从前,没了我的疯癫,
再没有小孩时的新鲜,
这回再不来这大海的边沿!
头顶不见天光的方便,
海上只暗沉沉的一片,
暗潮侵蚀了砂字的痕迹,
却冲不淡我悲惨的颜色——
我喊一声海,海!
你从此不再是我的乖乖!

多谢天!我的心又一度的跳荡

多谢天!我的心又一度的跳荡,
这天蓝与海青与明洁的阳光,

驱净了梅雨时期无欢的踪迹，
也散放了我心头的网罗与纽结，
像一朵曼陀罗花英英的露爽，
在空灵与自由中忘却了迷惘：
迷惘，迷惘！也不知求自何处，
囚禁著我心灵的自然的流露，
可怖的梦魇，黑夜无边的惨酷，
苏醒的盼切，只增剧灵魂的麻木！
曾经有多少的白昼，黄昏，清晨，
嘲讽我这蚕茧似不生产的生存？
也不知有几遭的明月，星群，晴霞，
山岭的高亢与流水的光华……
辜负！辜负自然界叫唤的殷勤，
惊不醒这沉醉的昏迷与顽冥！

如今，多谢这无名的博大的光辉，
在艳色的青波与绿岛间萦洄，
更有那渔船与航影，亭亭的粘附
在天边，唤起辽远的梦景与梦趣：
我不由的惊悚，我不由的感愧
（有时微笑的妩媚是启悟的棒槌！）
是何来倏忽的神明，为我解脱忧愁，
新竹似的豁裂了外箨，
透露内里的青篁，又为我洗净障眼的盲翳，

重见宇宙间的欢欣。

这或许是我生命重新的机兆,
大自然的精神!容纳我的祈祷,
容许我的不踌躇的注视,
容许我的热情的献致,
容许我保持这显示的神奇,
这现在与此地,
这不可比拟的一切间隔的毁灭!
我更不问我的希望,我的惆怅,
未来与过去只是渺茫的幻想,
更不向人间访问幸福的进门,
只求每时分给我不死的印痕,
变一颗埃尘,一颗无形的埃尘,
追随著造化的车轮,进行,进行……

乡村里的音籁

小舟在垂柳荫间缓泛——
一阵阵初秋的凉风,
吹生了水面的漪绒,
吹来两岸乡村里的音籁。

我独自凭着船窗闲憩,
静看着一河的波泛,
静听着远近的音籁——
又一度与童年的情景默契!

这是清脆的稚儿的呼唤,
田野上工作纷纭,
竹篱边犬吠鸡鸣:
但这无端的悲鸣与凄婉!

白云在蓝天里飞行:
我欲把恼人的年岁,
我欲把恼人的情爱,
托付与无涯的空灵——消泯;

回复我纯朴的,美丽的童心,
像山谷里的冷泉一勺,
像晓风里的白头乳鹊,
像池畔的草花,自然的鲜明。

我有一个恋爱

我有一个恋爱——

我爱天上的明星；
我爱它们的晶莹：
人间没有这异样的神明。

在冷峭的暮冬的黄昏，
在寂寞的灰色的清晨。
在海上，在风雨后的山顶——
永远有一颗，万颗的明星！

山涧边小草花的知心，
高楼上小孩童的欢欣，
旅行人的灯亮与南针——
万万里外闪烁的精灵！

我有一个破碎的魂灵，
像一堆破碎的水晶，
散布在荒野的枯草里——
饱啜你一瞬瞬的殷勤。

人生的冰激与柔情，
我也曾尝味，我也曾容忍；
有时阶砌下蟋蟀的秋吟，
引起我心伤，逼迫我泪零。

我袒露我的坦白的胸襟，
献爱与一天的明星，
任凭人生是幻是真，
地球存在或是消泯——
太空中永远有不昧的明星！

石虎胡同七号

我们的小园庭，有时荡漾着无限温柔：
善笑的藤娘，袒酥怀任团团的柿掌绸缪，
百尺的槐翁，在微风中俯身将棠姑抱搂，
黄狗在篱边，守候睡熟的珀儿，它的小友，
小雀儿新制求婚的艳曲，在媚唱无休——
我们的小园庭，有时荡漾着无限温柔。

我们的小园庭，有时淡描着依稀的梦景；
雨过的苍茫与满庭荫绿，织成无声幽冥，
小蛙独坐在残兰的胸前，听隔院蚓鸣，
一片化不尽的雨云，倦展在老槐树顶，
掠檐前作圆形的舞旋，是蝙蝠，还是蜻蜓？
我们的小园庭，有时淡描着依稀的梦景。

我们的小园庭，有时轻喟着一声奈何；

奈何在暴雨时，雨槌下捣烂鲜红无数，
奈何在新秋时，未凋的青叶惆怅地辞树，
奈何在深夜里，月儿乘云艇归去，西墙已度，
远巷薤露的乐音，一阵阵被冷风吹过——
我们的小园庭，有时轻喟着一声奈何。

我们的小园庭，有时沉浸在快乐之中；
雨后的黄昏，满院只美荫，清香与凉风，
大量的塞翁，巨樽在手，蹇足直指天空，
一斤，两斤，杯底喝尽，满怀酒欢，满面酒红，
连珠的笑响中，浮沉着神仙似的酒翁——
我们的小园庭，有时沉浸在快乐之中。

她是睡着了

她是睡着了——
星光下一朵斜欹的白莲，
她入梦境了——
香炉里袅起一缕碧螺烟。

她是眠熟了
涧泉幽抑了喧响的琴弦；
她在梦乡了

粉蝶儿，翠蝶儿，翻飞的欢恋。

停匀的呼吸：
清芬渗透了她的周遭的清氛，
有福的清氛，
怀抱着，抚摩着，她纤纤的身形！

奢侈的光阴！
静，沙沙的尽是闪亮的黄金，
平铺着无垠，
波鳞间轻漾着光艳的小艇。

醉心的光景，
给我披一件彩衣，啜一坛芳醴，
折一枝藤花，
舞，在葡萄丛中，颠倒，昏迷。

看呀，美丽！
三春的颜色移上了她的香肌，
是玫瑰，是月季，
是朝阳里的水仙，鲜妍，芳菲！

梦底的幽秘，
挑逗着她的心纯洁的灵魂，

像一只蜂儿，
在花心，恣意的唐突—温存。

童真的梦境！
静默；休教惊断了梦神的殷勤，
抽一丝金络，
抽一丝银络，抽一丝晚霞的紫曛；

玉腕与金梭，
织缣似的精审，更番的穿度
化生了彩霞，
神阙，安琪儿的歌，安琪儿的舞。

可爱的梨涡，
解释了处女的梦境的欢喜，
像一颗露珠，
颤动的，在荷盘中闪耀着晨曦！

灰色的人生

我想——我想开放我的宽阔的粗暴的嗓音，
唱一支野蛮的大胆的骇人的新歌；
我想拉破我的袍服，我的整齐的袍服，

露出我的胸膛,肚腹,肋骨和筋络;
我想放散我一头的长发,
像一个游方僧似的披散着一头的乱发;
我也想跣我的脚,跣我的脚,
在挣牙似的道上,快活的,无畏地走着。

我要调谐我的嗓音,傲慢的,粗暴的,
唱一阕荒唐的,摧残的,弥漫的歌调;
我伸出我的巨大的手掌,向着天与地,海与山,
无厌地求讨,寻捞;
我一把揪住了西北风,问他要落叶的颜色;
我一把揪住了东南风,问他要嫩芽的光泽;
我蹲身在大海的边旁,倾听他伟大的酣睡的声浪;
我捉住了落日的彩霞,远山的露蔼,秋月的明晖,
散放在我的发上,胸前,袖里,脚底……

我只是狂喜地大踏步向前——向前——口唱着暴烈的,
粗怆的不成章的歌调;
来,我邀你们到海边去,听着风涛震撼大空的声调;
来,我邀你们到山中去,听一柄利斧戕伐老树的清音;
来,我邀你们到密室里去,
听残废的,寂寞的灵魂的呻吟;
来,我邀你们到云霄外去,听古怪的大鸟孤独的悲鸣;
来,我邀你们到民间去,听衰老的,病痛的,贫苦的,

残毁的，受压迫的，烦闷的，奴服的，懦怯的，丑陋的，
罪恶的，自杀的，
——和着深秋的风声与雨声！合唱的"灰色的人生"！

恋爱到底是什么一回事

他来的时候我还不曾出世；
太阳为我照上了二十几个年头，
我只是个孩子，认不识半点愁；
忽然有一天——我又爱又恨那一天——
我心坎里痒齐齐的有些不连牵，
那是我这辈子第一次的上当，
有人说是受伤——你摸摸我的胸膛——
他来的时候我还不曾出世，
恋爱他到底是什么一回事？

这来我变了，一只没笼头的马——
跑遍了荒凉的人生的旷野：
又像那古时间献璞玉的楚人，
手指着心窝，说这里面有真有真，
你不信时一刀拉破我的心头肉，
看那血淋淋的一掬是玉不是玉；
血！那无情的宰割，我的灵魂！

是谁逼迫我发最后的疑问?

疑问!这回我自己幸喜我的梦醒,
上帝,我没有病,再不来对你呻吟!
我再不想成仙,蓬莱不是我的分;
我只要这地面,情愿安分的做人,——
从此再不问恋爱是什么一回事,
反正他来的时候我还不曾出世!

婴儿

我们要盼望一个伟大的事实出现,
我们要守候一个馨香的婴儿出世:
你看他那母亲在她生产的床上受罪!
她那少妇的安详,柔和,
端丽现在在剧烈的阵痛里变形成不可信的丑恶;
你看她那遍体的筋络都在她薄嫩的皮肤底里暴涨着,
可怕的青色与紫色,
象受惊的水青蛇在田沟里急泅似的,
汗珠站在她的前额上像一颗弹的黄豆。
她的四肢与身体猛烈的抽搐着,
畸屈着,奋挺着,纠旋着,
仿佛她垫着的席子是用针尖编成的,

仿佛她的帐围是用火焰织成的；
一个安详的，镇定的，端庄的，美丽的少妇，
现在在绞痛的惨酷里变形成魔鬼似的可怖：
她的眼，一时紧紧的阖着，
一时巨大的睁着，
她那眼，原来像冬夜池潭里反映着的明星，
现在吐露着青黄色的凶焰，眼珠像是烧红的炭火，
映射出她灵魂最后的奋斗，
她的原来朱红色的口唇，
现在像是炉底的冷灰，
她的口颤着，撅着，扭着，
死神的热烈的亲吻不容许她一息的平安，
她的发是散披着，
横在口边，漫在胸前，像揪乱的麻丝，
她的手指间紧抓着几穗拧下来的乱发；
这母亲在她生产的床上受罪：
但她还不曾绝望，
她的生命挣扎着血与肉与骨与肢体的纤微，
在危崖的边沿上，抵抗着，搏斗着，死神的逼迫；
她还不曾放手，
因为她知道（她的灵魂知道！）
这苦痛不是无因的，
因为她知道她的胎宫里孕育着一点
比她自己更伟大的生命的种子，

包涵着一个比一切更永久的婴儿；
因为她知道这苦痛是婴儿要求出世的征候，
是种子在泥土里爆裂成美丽的生命的消息，
是她完成她自己生命的使命的时机；
因为她知道这忍耐是有结果的，
在她剧痛的昏瞀中她仿佛听着上帝准许人间祈祷的声音，
她仿佛听着天使们赞美未来的光明的声音；
因此她忍耐着，抵抗着，奋斗着……
她抵拼绷断她统体的纤微，
她要赎出在她那胎官里动荡着的生命，
在她一个完全，
美丽的婴儿出世的盼望中，
最锐利,最沉酣的痛感逼成了最锐利最沉酣的快感……

消息

雷雨暂时收敛了；
双龙似的双虹，
显现在雾霭中，
夭娇，鲜艳，生动，
好兆！明天准是好天了。

什么！又是一阵打雷，

在云外，在天外，
又是一片暗淡，
不见了鲜虹彩，
希望，不曾站稳，又毁了。

月下雷峰塔影片

我送你一个雷峰塔影，
满天稠密的黑云与白云；
我送你一个雷峰塔顶，
明月泻影在眠熟的波心。

深深的黑夜，依依的塔影，
团团的月彩，纤纤的波鳞，
假如你我荡一只无遮的小艇，
假如你我创一个完全的梦境！

翡冷翠的一夜

你真的走了，明天？那我，那我……
你也不用管，迟早有那一天；
你愿意记着我，就记着我，
要不然趁早忘了这世界上

有我,省得想起时空着恼,
只当是一个梦,一个幻想;
只当是前天我们见的残红,
怯怜怜的在风前抖擞,一瓣,
两瓣,落地,叫人踩,变泥……
唉,叫人踩,变泥,变了泥倒干净,
这半死不活的才叫是受罪,
看着寒伧,累赘,叫人白眼——
天呀!你何苦来,你何苦来……
我可忘不了你,那一天你来,
就比如黑暗的前途见了光彩,
你是我的先生,我爱,我的恩人,
你教给我什么是生命,什么是爱,
你惊醒我的昏迷,偿还我的天真。
没有你我哪知道天是高,草是青?
你摸摸我的心,它这下跳得多快;
再摸我的脸,烧得多焦,亏这夜黑
看不见;爱,我气都喘不过来了,
别亲我了;我受不住这烈火似的活,
这阵子我的灵魂就像是火砖上的熟铁,
在爱的槌子下,砸,砸,
火花四散的飞洒……我晕了,抱着我,
爱,就让我在这儿清静的园内,
闭着眼,死在你的胸前,多美!

头顶白树上的风声,沙沙的,
算是我的丧歌,这一阵清风,
橄榄林里吹来的,带着石榴花香,
就带了我的灵魂走,还有那萤火,
多情的殷勤的萤火,有他们照路,
我到了那三环洞的桥上再停步,
听你在这儿抱着我半暖的身体,
悲声的叫我,亲我,摇我,咂我……
我就微笑的再跟着清风走,
随他领着我,天堂,地狱,哪儿都成,
反正丢了这可厌的人生,实现这死
在爱里,这爱中心的死,不强如
五百次的投生?……自私,我知道,
可我也管不着……你伴着我死?
什么,不成双就不是完全的"爱死",
要飞升也得两对翅膀儿搭伙,
进了天堂还不一样的要照顾,
我少不了你,你也不能没有我;
要是地狱,我单身去你更不放心,
你说地狱不定比这世界文明,
(虽则我不信,)像我这娇嫩的花朵,
难保不再遭风暴,不叫雨打,
那时候我喊你,你也听不分明,
那不是求解脱反投进了泥坑,

倒叫冷眼的鬼串通了冷心的人，
笑我的命运，笑你懦怯的粗心？
这话也有理，那叫我怎么办呢？
活着难，太难就死也不得自由，
我又不愿你为我牺牲你的前程……
唉！你说还是活着等，等那一天！
有那一天吗？你在，就是我的信心；
可是天亮你就得走，你真的忍心
丢了我走？我又不能留你，这是命；
但这花，没阳光晒，没甘露浸，
不死也不免瓣尖儿焦萎，多可怜！
你不能忘我，爱，除了在你的心里，
我再没有命；是，我听你的话，我等，
等铁树儿开花我也得耐心等；
爱，你永远是我头顶的一颗明星：
要是不幸死了，我就变一个萤火，
在这园里，挨着草根，暗沉沉的飞，
黄昏飞到半夜，半夜飞到天明，
只愿天空不生云，我望得见天
天上那颗不变的大星，那是你，
但愿你为我多放光明，隔着夜，
隔着天，通着恋爱的灵犀一点……

在那山道旁

在那山道旁,一天雾濛濛的朝上,
初生的小蓝花在草丛里窥觑,
我送别她归去,与她在此分离,
在青草里飘拂,她的洁白的裙衣。

我不曾开言,她亦不曾告辞,
驻足在山道旁,我暗暗的寻思,
"吐露你的秘密,这不是最好时机?"
露沾的小草花,仿佛恼我的迟疑。

为什么迟疑,这是最后的时机,
在这山道旁,在这雾茫茫的朝上?
收集了勇气,向着她我旋转身去:
但是啊,为什么她这满眼凄惶了?

我咽住了我的话,低下了我的头,
火灼与冰激在我的心胸间回荡,
啊,我认识了我的命运,她的忧愁,
在这浓雾里,在这凄清的道旁!

在那天朝上,在雾茫茫的山道旁,
新生的小蓝花在草丛里睥睨,

我目送她远去,与她从此分离
在青草间飘拂,她的洁白的裙衣!

呻吟语

我亦愿意赞美这神奇的宇宙,
我亦愿意忘却了人间有忧愁,
像一只没挂累的梅花雀,
清朝上歌唱,黄昏时跳跃;
假如她清风似的常在我的左右!

我亦想望我的诗句清水似的流,
我亦想望我的心池鱼似的悠悠;
但如今膏火是我的心,
再休问我闲暇的诗情?
上帝!你一天不还她生命与自由!

朝雾里的小草花

这岂是偶然,小玲珑的野花!
你轻含着鲜露颗颗,
怦动的,像是慕光明的花蛾,
在黑暗里想念焰彩,晴霞,

我此时在这蔓草丛中过路，
无端的内感，惆怅与惊讶，
在这迷雾里，在这岩壁下，
思忖着，泪怦怦的，人生与鲜露？

苏苏

苏苏是一痴心的女子，
像一朵野蔷薇，她的丰姿；
像一朵野蔷薇，她的丰姿；
来一阵暴风雨，摧残了她的身世。

这荒草地里有她的墓碑，
淹没在蔓草里，她的伤悲；
淹没在蔓草里，她的伤悲；
啊，这荒土里化生了血染的蔷薇！

那蔷薇是痴心女的灵魂，
在清早上受清露的滋润，
到黄昏里有晚风来温存，
更有那长夜的慰安，看星斗纵横。

你说这应分是她的平安?
但运命又叫无情的手来攀,
攀,攀尽了青条上的灿烂,
可怜呵,苏苏她又遭一度的摧残!

"起造一座墙"

你我千万不可亵渎那一个字,
别忘了在上帝跟前起的誓。
我不仅要你最柔软的柔情,
蕉衣似的永远裹着我的心;
我要你的爱有纯钢似的强,
在这流动的生里起造一座墙;
任凭秋风吹尽满园的黄叶,
任凭白蚁蛀烂千年的画壁;
就使有一天霹雳震翻了宇宙,
也震不翻你我"爱墙"内的自由!

海韵

一

"女郎,单身的女郎,
你为什么留恋这黄昏的海边?

女郎,回家吧,女郎!"
　"啊不;回家我不回,
我爱这晚风吹。"
在沙滩上,在暮霭里,
有一个散发的女郎,
徘徊,徘徊。

二

　"女郎,散发的女郎,
你为什么彷徨,
在这冷清的海上?
女郎,回家吧,女郎!"
　"啊不;你听我唱歌,
大海,我唱,你来和。"
在星光下,在凉风里,
轻荡着少女的清音,
高吟,低哦。

三

　"女郎,胆大的女郎!
那天边扯起了黑幕,
这顷刻间有恶风波,
女郎,回家吧,女郎!"
　"啊不;你看我凌空舞,

学一个海鸥没海波。"
在夜色里,在沙滩上,
急旋着一个苗条的身影,
婆娑,婆娑。

四
"听呀,那大海的震怒,
女郎回家吧,女郎!
看呀,那猛兽似的海波,
女郎,回家吧,女郎!"
"啊不;海波他不来吞我,
我爱这大海的颠簸!"
在潮声里,在波光里,
啊,一个慌张的少女在海沫里,
蹉跎,蹉跎。

五
"女郎,在哪里,女郎?
在哪里,你嘹亮的歌声?
在哪里,你窈窕的身影?
在哪里,啊,勇敢的女郎?"
黑夜吞没了星辉,
这海边再没有光芒;
海潮吞没了沙滩,

沙滩上再不见女郎,
再不见女郎!

偶然

我是天空里的一片云,
偶尔投影在你的波心,
你不必讶异,
更无须欢喜,
在转瞬间消灭了踪影。

你我相逢在黑夜的海上,
你有你的,我有我的,方向;
你记得也好,
最好你忘掉,
在这交会时互放的光亮!

变与不变

树上的叶子说:
"这来又变样儿了,
你看,
有的是抽心烂,有的是卷边焦!"

"可不是。"
答话的是我自己的心:
它也在冷酷的西风里褪色,凋零。
这时候连翩的明星爬上了树尖;
"看这儿,"
它们仿佛说:
"有没有改变?"
"看这儿,"
无形中又发动了一个声音,
"还不是一样鲜明?"
插话的是我的魂灵。

天神似的英雄

这石是一堆粗丑的顽石,
这百合是一丛明媚的秀色,
但当月光将花影描上石隙,
这粗丑的顽石也化生了媚迹。

我是一团臃肿的凡庸,
她是人间无比的仙容;
但当恋爱将她偎入我的怀中,
就我也变成了天神似的英雄!

我来扬子江边买一把莲蓬

我来扬子江边买一把莲蓬；
手剥一层层莲衣，
看江鸥在眼前飞，
忍含着一眼悲泪，我想着你，
我想着你，啊小龙！

我尝一尝莲瓢，回味曾经的温存：
那阶前不卷的重帘，
掩护着同心的欢恋：
我又听着你的盟言，
"永远是你的，我的身体，我的灵魂。"

我尝一尝莲心，我的心比莲心苦；
我长夜里怔忡，
挣不开的恶梦，
谁知我的苦痛？
你害了我，爱，这日子叫我如何过？

但我不能责你负，我不忍猜你变，
我心肠只是一片柔：

你是我的!
我依旧将你紧紧的抱搂
除非是天翻,
但谁能想象那一天?

三月十二深夜大沽口外

今夜困守在大沽口外;
绝海里的俘房,
对著忧愁申诉;
桅上的孤灯在风前摇摆:
天昏昏有层云裹,
那掣电是探海火!
你说不自由是这变乱的时光?
但变乱还有时罢休,
谁敢说人生有自由?
今天的希望变作明天的怅惘;
星光在天外冷眼瞅,
人生是浪花里的浮沤!
我此时在凄冷的甲板上徘徊,
听海涛迟迟的吐沫,
心空如不波的湖水;
只一丝云影在这湖心晃动——

不曾渗透的一个迷梦,
不忍渗透的一个迷梦!

望月

月:我隔著窗纱,在黑暗中,
望她从岩的山肩挣起,
一轮惺忪的不整的光华:
像一个处女,怀抱著贞洁,
惊惶的,挣出强暴的爪牙;
这使我想起你,我爱,当初
也曾在恶运和利齿间捱!
但如今,正如蓝天里明月,
你已升起在幸福的前峰,
洒光辉照亮地面的坎坷!

客中

今晚天上有半轮的下弦月;
我想携着她的手,
往明月多处走一样是清光,
我说,圆满或残缺。

园里有一树开剩的玉兰花；
她有的是爱花癖，
我爱看她的怜惜一样是芬芳，
她说，满花与残花。

浓荫里有一只过时的夜莺，
她受了秋凉，
不如从前浏亮快死了，
她说，但我不悔我的痴情！

但这莺，这一树花，这半轮月，
我独自沉吟，
对着我的身影，
她在那里，
啊，为什么伤悲，凋谢，残缺？

————一九二五年冬作

最后的那一天

在春风不再回来的那一年，
在枯枝不再青条的那一天，
那时间天空再没有光照，
只黑蒙蒙的妖氛弥漫着，

太阳，月亮，星光死去了的空间；

在一切标准推翻的那一天，
在一切价值重估的那时间：
暴露在最后审判的威灵中，
一切的虚伪与虚荣与虚空：
赤裸裸的灵魂们匍匐在主的跟前；

我爱，那时间你我再不必张皇，
更不须声诉，辨冤，再不必隐藏，
你我的心，像一朵雪白的并蒂莲，
在爱的青梗上秀挺，欢欣，鲜妍，
在主的跟前，爱是唯一的荣光。

人变兽（战歌之二）

朋友，这年头真不容易过
你出城去看光景就有数：
柳林中有乌鸦们在争吵，
分不匀死人身上的脂膏，

城门洞里一阵阵的旋风起，
跳舞着没脑袋的英雄，

那田畦里碧葱葱的豆苗，
你信不信全是用鲜血浇！

还有那井边挑水的姑娘，
你问她为甚走道像带伤——
抹下西山黄昏的一天紫，
也涂不没这人变兽的耻！

决断

我的爱：
再不可迟疑；
误不得——
这唯一的时机。

天平秤——
在你自己心里，
哪头重——
法码都不用比！

你我的——
哪还用着我提？
下了种，

就得完功到底。

生，爱，死——
三连环的迷迷；
拉动一个，
两人就跟着挤。

老实说，
我不希罕这活，
这皮囊——
哪处不是拘束。

要恋爱，
要自由，要解脱——
这小刀子，
许是你我的天国！

可是不死
就得跑，远远的跑
谁耐烦
在这猪圈里牢骚？

险——
不用说，总得冒

不拼命,
哪件事拿得着?

看那星,
多勇猛的光明!
看这夜,
多庄严,多澄清!

走罢,甜,
前途不是暗昧;
多谢天,
从此跳出了轮回!

运命的逻辑

一
前天她在水晶宫似照亮的大厅里跳舞——
多么亮她的袜!
多么滑她的发!
她那牙齿上的笑痕叫全堂的男子们疯魔。

二
昨天她短了资本,

变卖了她的灵魂；
那戴喇叭帽的魔鬼在她的耳边传授了秘诀，
她起了皱纹的脸又搭上不少男子们的心血。

三
今天在城隍庙前阶沿上坐着的这个老丑，
她胸前挂着一串，不是珍珠，是男子们的骷髅；
神道见了她摇头，
魔鬼见了她哆嗦！

西伯利亚

西伯利亚：我早年时想象
你不是受上天恩情的地域：
荒凉，严肃，不可比况的冷酷。
在冻雾里，在无边的雪地里，
有局促的生灵们，半像鬼，枯瘦，
黑面目，佝偻，默无声的工作。
在他们，这地面是寒冰的地狱，
天空不留一丝霞彩的希冀，
更不问人事的恩情，人情的旖旎；
这是为怨郁的人间淤藏怨郁，
茫茫的白雪里渲染人道的鲜血，

西伯利亚，你象征的是恐怖，荒虚。

但今天，我面对这异样的风光——
不是荒原，这春夏间的西伯利亚，
更不见严冬时的坚冰，枯枝，寒鸦；
在这乌拉尔东来的草田，茂旺，葱秀
牛马的乐园，几千里无际的绿洲，
更有那重叠的森林，赤松与白杨，
灌属的小丛林，手挽手的滋长；
那赤皮松，像巨万赭衣的战士，
森森的，悄悄的，等待冲锋的号角，
那白杨，婀娜的多姿，最是那树皮，
白如霜，依稀林中仙女们的轻衣；
就这天——这天也不是寻常的开朗：
看，蓝空中往来的是轻快的仙航，
那不是云彩，那是天神们的微笑，
琼花似的幻化在这圆穹的周遭……
　　　　　　——一九二五年过西伯利亚倚车窗眺景随笔

梅雪争春（纪念三一八）

南方新年里有一天下大雪，
我到灵峰去探春梅的消息；

残落的梅萼瓣瓣在雪里腌,
我笑说这颜色还欠三分艳!

运命说:你赶花朝节前回京,
我替你备下真鲜艳的春景:
白的还是那冷翩翩的飞雪,
但梅花是十三龄童的热血!

两地相思

一
他——
今晚的月亮像她的眉毛,
这弯弯的够多俏;
今晚的天空像她的爱情,
这蓝蓝的够多深!
那样多是你的,我听她说,
你再也不用疑惑;
给你这一团火,她的香唇,
还有她更热的腰身!
谁说做人不该多吃点苦?
吃到了底才有数。
这来可苦了她,盼死了我,

半年不是容易过!
她这时候,我想,正靠着窗
手托着俊俏脸庞,
在想,一滴泪正挂在腮边,
像露珠沾上草尖;
在半忧愁半欢喜的预计,
计算着我的归期;
啊,一颗纯洁的爱我的心,
那样的专!那样的真!
还不催快你胯下的牲口,
趁月光清水似流,
趁月光清水似流,赶回家
去亲你唯一的她!

二
她——
今晚的月色又使我想起
我半年前的昏迷,
那晚我不该喝那三杯酒,
添了我一世的愁;
我不该把自由随手给扔,
活该我今儿的闷!
他待我倒真是一片至诚,
像竹园里的新笋,

不怕风吹，不怕雨打，一样
他还是往上滋长；
他为我吃尽了苦，就为我
他今天还在奔波；
我又没有勇气对他明讲
我改变了的心肠！
今晚月儿弓样，到月圆时
我，我如何能躲避！
我怕，我爱，这来我真是难，
恨不能往地底钻：
可是你，爱，永远有我的心，
听凭我是浮是沉；
他来时要抱，我就让他抱，
（这葫芦不破的好，）
但每回我让他亲——我的唇，
爱，亲的是你的吻！

阔的海

阔的海空的天我不需要，
我也不想放一只巨大的纸鹞，
上天去捉弄四面八方的风；
我只要一分钟，

我只要一点光,
我只要一条缝,
像一个小孩趴伏,
在一间暗屋的窗前,
望着西天边不死的一条缝,
一点光,
一分钟。

罪与罚(二)

"你——你问我为什么对你脸红?
这是天良,朋友,天良的火烧,
好,交给你了,记下我的口供,
满铺着谎的床上哪睡得着?

"你先不用问她们那都是谁,
回头你——(你有水不?我喝一口。
单这一提,我的天良就直追,
逼得我一口气直顶着咽喉。)

"冤孽!天给我这样儿:毒的香,
造孽的根,假温柔的野兽!
什么意识,什么天理,什么思想,

哪敌得住那肉鲜鲜的引诱!

"先是她家那嫂子,风流,当然:
偏嫁了个丈夫不是个男人;
这干烤着的木柴早够危险,
再来一星星的火花——不就成!

"那一星的火花正轮着我——该!
才一面,够干脆的,魔鬼的得意;
一瞟眼,一条线,半个黑夜;
十七岁的童贞,一个活寡的急!

"堕落是一个进了出不得的坑,
可不是个陷坑,越陷越没有底,
咒他的!一桩板更鲜艳的沉沦,
挂彩似的扮得我全没了主意!

"现吃亏的当然是女人,也可怜,
一步的孽报追着一步的孽因,
她又不能往阎子身上推,活罪,
一包药粉换着了一身的毒鳞!

"这还是引子,下文才真是孽债:
她家里另有一双并蒂的白莲,

透水的鲜，上帝禁阻闲蜂来采，
但运命偏不容这白玉的贞坚。

"那西湖上一宿的猖狂，又是我，
你知道，捣毁了那并蒂的莲苞——单只一度！
但这一度！谁能饶恕天这蹂躏！
这色情狂的恶屠刀！

"那大的叫铃的偏对浪子情痴，
她对我失贞你说这事情多瘪！
我本没有自由，又不能伴她死，
眼看她疯，丢丑，喔！雷砸我的脸！

"这事情说来你也该早明白，
我见着你眼内一阵阵的冒火：
本来！今儿我是你的囚犯，
听凭你发落，你裁判，杀了我，绞了我；

"我半点儿不生怨意，我再不能
不自首，天良逼得我没缝儿躲；
年轻人谁免得了有时候朦混，
但是天，我的分儿不有点太酷？

"谁料到这造孽的网兜着了你，

你，我的长兄，我的唯一的好友！
你爱箕，箕也爱你；箕是无罪的：
有罪是我，天罚那离奇的引诱！

"她的忠顺你知道，
这六七年里她哪一事不为你牺牲，
你不说女人再没有箕的自苦；
她为你甘心自苦，为要洗净那一点错。

"这错又不是她的，你不能怪她，
话说完了，我放下了我的重负，
我唯一的祈求是保全你的家：
她是无罪的，我再说，我的朋友！"

云游

那天你翩翩的在空际云游，
自在，轻盈，你本不想停留
在天的那方或地的那角，
你的愉快是无拦阻的逍遥，
你更不经意在卑微的地面有一流涧水，
虽则你的明艳，
在过路时点染了他的空灵，

使他惊醒,将你的倩影抱紧。

他抱紧的是绵密的忧愁,
因为美不能在风光中静止;
他要,你已飞渡万重的山头,
去更阔大的湖海投射影子!
他在为你消瘦,那一流涧水,
在无能的盼望,盼望你飞回!

我等候你

我等候你。
我望着户外的昏黄,
如同望着将来,
我的心震盲了我的听。
你怎还不来?
希望在每一秒钟上允许开花。
我守候着你的步履,
你的笑语,你的脸,
你的柔软的发丝,
守候着你的一切;
希望在每一秒钟上
枯死——你在哪里?

我要你,要得我心里生痛,
我要你火焰似的笑,
要你灵活的腰身,
你的发上眼角的飞星;
我陷落在迷醉的氛围中,
像一座岛,
在蟒绿的海涛间,不自主的在浮沉……
喔,我迫切的想望你的来临,
想望那一朵神奇的优昙,
开上时间的顶尖!
你为什么不来,忍心的!
你明知道,我知道你知道,
你这不来于我是致命的一击,
打死我生命中乍放的阳春,
教坚实如矿里的铁的黑暗,
压迫我的思想与呼吸;
打死可怜的希冀的嫩芽,
把我,囚犯似的,交付给
妒与愁苦,生的羞惭
与绝望的惨酷。
这也许是痴。
竟许是痴。
我信我确然是痴;
但我不能转拨一支已然定向的舵,

万方的风息都不容许我犹豫——
我不能回头,运命驱策着我!
我也知道这多半是走向毁灭的路,
但为了你,
为了你,
我什么都甘愿;
这不仅我的热情,
我的仅有理性亦如此说。

痴!想磔碎一个生命的纤维,
为要感动一个女人的心!
想博得的,能博得的,
至多是她的一滴泪,
她的一声漠然的冷笑;
但我也甘愿,
即使我粉身的消息传给一块顽石,
她把我看作一只地穴里的鼠,
一条虫,我还是甘愿!
痴到了真,是无条件的,
上帝也无法调回一个痴定了的心,
如同一个将军,
有时调回已上死线的士兵。

枉然,一切都是枉然,

你的不来是不容否认的实在,
虽则我心里烧着泼旺的火,
饥渴着你的一切,
你的发,你的笑,你的手脚;
任何的痴想与祈祷,
不能缩短一小寸你我间的距离!
户外的昏黄已然凝聚成夜的乌黑,
树枝上挂着冰雪,
鸟雀们典去了它们的啁啾,
沉默是这一致穿孝的宇宙。

钟上的针不断的比着玄妙的手势,
像是指点,像是同情,像是嘲讽,
每一次到点的打动,
我听来是我自己的心的活埋的丧钟。

黄鹂

一掠颜色飞上了树。
"看,一只黄鹂!"有人说。
翘着尾尖,它不作声,
艳异照亮了浓密,——
像是春光,火焰,像是热情,

等候它唱,我们静着望,
怕惊了它。但它一展翅,
冲破浓密,化一朵彩云;
它飞了,不见了,没了,
像是春光,火焰,像是热情。

残破

一

深深的在深夜里坐着,
当窗有一团不圆的光亮,
风挟着灰土,
在大街上小巷里奔跑;
我要在枯秃的笔尖上袅出
一种残破的残破的音调,
为要抒写我的残破的思潮。

二

深深的在深夜里坐着,
生尖角的夜凉在窗缝里,
炉忌屋内残余的暖气,
也不饶恕我的肢体;

但我要用我半干的墨水,
描成一些残破的残破的花样,
因为残破,残破是我的思想。

三
深深的在深夜里坐着,
左右是一些丑怪的鬼影,
焦枯的落魄的树木,
在冰沉沉的河沿叫喊,
比着绝望的姿势,
正如我要在残破的意识里,
重兴起一个残破的天地。

四
深深的在深夜里坐着,
闭上眼回望到过去的云烟;
啊,她还是一枝冷艳的白莲,
斜靠着晓风,万种的玲珑;
但我不是阳光,也不是露水,
我有的只是些残破的呼吸,
如同封锁在壁橼间的群鼠追逐着,
追求着黑暗与虚无!

再别康桥

轻轻的我走了,
正如我轻轻的来;
我轻轻的招手,
作别西天的云彩。

那河畔的金柳,
是夕阳中的新娘;
波光里的艳影,
在我的心头荡漾。

软泥上的青荇,
油油的在水底招摇;
在康河的柔波里,
我甘心做一条水草。

那榆荫下的一潭,
不是清泉,是天上虹;
揉碎在浮藻间,
沉淀着彩虹似的梦。

寻梦?撑一支长篙,
向青草更青处漫溯,

满载一船星辉，
在星辉斑斓里放歌。

但我不能放歌，
悄悄是别离的笙箫；
夏虫也为我沉默，
沉默是今晚的康桥！

悄悄的我走了，
正如我悄悄的来；
我挥一挥衣袖，
不带走一片云彩。

——十一月六日

月下待杜鹃不来

看一回凝静的桥影，
数一数螺钿的波纹，
我倚暖了石栏的青苔，
青苔凉透了我的心坎；

月儿，你休学新娘羞，
把锦被掩盖你光艳首，

你昨宵也在此勾留,
可听她允许今夜来否?

听远村寺塔的钟声,
像梦里的轻涛吐复收,
省心海念潮的涨歇,
依稀漂泊踉跄的孤舟!

水粼粼,夜冥冥,思悠悠,
何处是我恋的多情友,
风飕飕,柳飘飘,榆钱斗斗,
令人长忆伤春的歌喉。

拜献

山,我不赞美你的壮健,
海,我不歌咏你的阔大,
风波,我不颂扬你威力的无边,
但那在雪地里挣扎的小草花,
路旁冥茫中无告的孤寡,
烧死在沙漠里想归去的雏燕,
给他们,给宇宙间一切无名的不幸,
我拜献,拜献我胸胁间的热,

管里的血，灵性里的光明，
我的诗歌在歌声嘹亮的一俄顷，
天外的云彩为你们织造快乐，
起一座虹桥，
指点着永恒的消遥，
在嘹亮的歌声里消纳了无穷的苦厄！

　　　　　　　　　——一九二九年初春作

"我不知道风是在哪一个方向吹"

我不知道风
是在哪一个方向吹——
我是在梦中，
在梦的轻波里依洄。

我不知道风
是在哪一个方向吹——
我是在梦中，
她的温存，我的迷醉。

我不知道风
是在哪一个方向吹——
我是在梦中，

甜美是梦里的光辉。

我不知道风
是在哪一个方向吹——
我是在梦中,
她的负心,我的伤悲。

我不知道风
是在哪一个方向吹——
我是在梦中,
在梦的悲哀里心碎!

我不知道风
是在哪一个方向吹——
我是在梦中,
黯淡是梦里的光辉。

又一次试验

上帝捋着他的须,
说"我又有了兴趣,
上次的试验有点糟,
这回的保管是高妙"。

脱下了他的枣红袍，
戴上了他的遮阳帽，
老头他抓起一把土
快活又有了工作做。
"这回不叫再像我,
他弯着手指使劲塑：
"鼻孔还是给你有，
可不把灵性往里透！
给了也还是白丢，
能有几个走回头；
灵性又不比鲜鱼子，
化生在水里就长翅！"

火车擒住轨

火车擒住轨，在黑夜里奔，
过山，过水，过陈死人的坟；

过桥，听钢骨牛喘似的叫，
过荒野，过门户破烂的庙；

过池塘，群蛙在黑水里打鼓，
过噤口的村庄，不见一粒火；

过冰清的小站，上下没有客，
月台袒露着肚子，像是罪恶。

这时车的呻吟惊醒了天上三两个星，
躲在云缝里张望；

那是干什么的，他们在疑问，
大凉夜不歇着，直闹又是哼，

长虫似的一条，呼吸是火焰，
一死儿往暗里闯，不顾危险，

就凭那精窄的两道，算是轨，
驮着这分重，梦一般的累坠。

累坠！那些奇异的善良的人，
放平了心安睡，把他们不论。

俊的蠢的命全盘交给了它，
不论爬的是高山还是低洼，

不问深林里有怪鸟在诅咒，
天象的辉煌全对着毁灭走；

只图眼前过得,裂大嘴打呼,
明儿车一到,抢了皮包走路!

这态度也不错!愁没有个底,
你我在天空,那天也不休息;

睁大了眼,什么事都看分明,
但自己又何尝能支使运命?

说什么光明,智慧永恒的美,
彼此同是在一条线上受罪,

就差你我的寿数比他们强,
这玩艺反正是一片湖涂账。

情死

玫瑰,压倒群芳的红玫瑰,昨夜的雷雨,
原来是你发出的信号。
真娇贵的丽质!
你的颜色,是我视觉的醇醪;我想走近你,但我又不敢。
青年!几滴白露在你额上,在晨光中吐艳。

你颊上的笑容，定是天上带来的；可惜世界太庸俗，
不能供给他们常住的机会。
你的美是你的运命！
我走近来了；你迷醉的色香又征服了一个灵魂
——我是你的俘虏！
你在那里微笑，我在这里发抖，
你已经登了生命的峰极。你向你足下望一个天底的深潭！
你站在潭边，我站在你的背后，我，你的俘虏。
我在这里微笑！你在那里发抖。
丽质是命运的命运。
我已经将你擒捉在手内：我爱你，玫瑰！
色、香、肉体、灵魂、美、迷力尽在我掌握之中。
我在这里发抖，你笑。
玫瑰！我顾不得你玉碎香销，我爱你！
花瓣、花萼、花蕊、花刺、你，我——多么痛快啊！
尽胶结在一起！一片狼藉的猩红，两手模糊的鲜血。
玫瑰！我爱你！

私语

秋雨在一流清冷的秋水边，
一棵憔悴的秋柳里，
一条怯懦的秋枝上，

一片将黄未黄的秋叶上,
听他亲亲切切喁喁唼唼,
私语三秋的情恩情事,情语情节,
临了轻轻将他拂落在秋水秋波的秋晕里,一涡半转,
跟着秋水流去。
这秋的私语,秋的情思情事,
情诗情节,已掉落在秋水秋波的秋晕里,一涡半转,
跟着秋水流去。
　　　　　——一九二二年七月二十一日作

春的投生

昨晚上,
再前一晚也是的,
在雷雨的猖狂中,
春投生入残冬的尸体。
不觉得脚下的松软,
耳鬓间的温驯吗?
树枝上浮着青,
潭里的水漾成无限的缠绵;
再有你我肢体上,
胸膛间的异样的跳动;

桃花早已开上你的脸,
我在更敏锐的消受你的媚,
吞咽你的连珠的笑;
你不觉得我的手臂,
更迫切的要求你的腰身,
我的呼吸投射到你的身上,
如同万千的飞萤投向光焰?
这些,
还有别的许多说不尽的,
和着鸟雀们的热情的回荡,
都在手携手的赞美着春的投生。

猛虎

猛虎,猛虎,
火焰似的烧红在深夜的莽丛,
何等神明的巨眼或是手,
能擘画你的骇人的雄厚?
在何等遥远的海底还是天顶烧着你眼火的纯晶?
跨什么翅膀他胆敢飞腾?
凭什么手敢擒住那威棱?
是何等肩腕,
是何等神通,

能摩搂你的藏府的系境？
等到你的心开始了活跳，
何等震惊的手，
何等震惊的脚？
椎的是什么锤？
使的是什么练？
在什么洪炉里熬炼你的脑液？
什么砧座？
什么骇异的手胆敢把它的凶恶的惊怕擒抓？
当群星放射它们的金芒，
满天上泛滥着它们的泪光，
见到他的工程，他露不露笑容？
造你的不就是那造小羊的神工？
猛虎，猛虎，
火焰似的烧红在深夜的莽丛，
何等神明的巨眼或是手
胆敢擘画你的惊人的雄厚？

渺小

我仰望群山的苍老，
他们不说一句话。
阳光描出我的渺小，

小草在我的脚下。

我一人停步在路隅,
倾听空谷的松籁;
青天里有白云盘踞——
转眼间忽又不在。

秋虫

秋虫,你为什么来?人间
早不是旧时候的清闲;
这青草,这白露,也是呆,
再也没有用,这些诗材!
黄金才是人们的新宠,
她占了白天,又霸住梦!
爱情:像白天里的星星,
她早就回避,早没了影。
天黑它们也不得回来,
半空里永远有乌云盖。
还有廉耻也告了长假,
他躲在沙漠地里住家,
花尽着开可结不成果,
思想被主义奸污得苦!

你别说这日子过得闷,
晦气脸的还在后面跟!
这一半也是灵魂的懒,
他爱躲在园子里种菜,
"不管,"他说,"听他往下丑——
变猪,变蛆,变蛤蟆,变狗……
过天太阳羞得遮了脸,
月亮残阙了再不肯圆,
到那天人道真灭了种,
我再来打——打革命的钟!"

杜鹃

杜鹃,多情的鸟,
他终宵唱在夏荫深处,
仰望着流云飞蛾似围绕月亮的明灯,
星光疏散如海滨的渔火,
甜美的夜在露湛里休憩,
他唱,他唱一声"割麦插禾"——
农夫们在天放晓时惊起。
多情的鹃鸟,他终宵声诉,
是怨,是慕,他心头满是爱,
满是苦,化成缠绵的新歌,

柔情在静夜的怀中颤动；
他唱，口滴着鲜血，斑斑的，
染红露盈盈的草尖，晨光
轻摇着园林的迷梦；他叫，
他叫，他叫一声"我爱哥哥！"

给——

我记不得维也纳，
除了你，阿丽思，
我想不起佛兰克府，
除了你，桃乐斯，
尼司，佛洛伦司，巴黎，
也都没有意味，
要不是你们的艳丽——
玖思，麦蒂特，腊妹，
翩翩的，盈盈的，
孜孜的，婷婷的，
照亮着我记忆的幽黑，
像冬夜的明星，
像暑夜的游萤——
怎教我不倾颓！
怎教我不迷醉！

北方的冬天是冬天

北方的冬天是冬天,
满眼黄沙漠漠的地与天,
赤膊的树枝,硬搅着北风光——
一队队敢死的健儿,傲立在战阵前!
不留半片残青,没有一丝粘恋,
只拼着精光的筋骨;凝敛着生命的精液,
耐,耐三冬的霜鞭与雪拳与风剑,
直耐到春阳征服了肃杀与枯寂与凶惨,
直耐到春阳打开了生命的牢监,放出一瓣的树头鲜!
直耐到忍耐的奋斗功效见,健儿克敌回家酣笑颜!
北方的冬天是冬天!
满眼黄沙茫茫的地与天;
田里一只呆顿的黄牛,
西天边画出几线的悲鸣雁。

雁儿们

雁儿们在云空里飞,
看她们的翅膀,
看她们的翅膀,

有时候纡回，
有时候匆忙。
雁儿们在云空里飞，
晚霞在她们身上，
晚霞在她们身上，
有时候银辉，
有时候金芒。
雁儿们在云空里飞，
听她们的歌唱！
听她们的歌唱！
有时候伤悲，
有时候欢畅。
雁儿们在云空里飞，
为什么翱翔？
为什么翱翔？
她们少不少旅伴？
她们有没有家乡？
雁儿们在云空里彷徨，
天地就快昏黑！
天地就快昏黑！
前途再没有天光，
孩子们往哪儿飞？
天地在昏黑里安睡，
昏黑迷住了山林，

昏黑催眠了海水；
这时候有谁在倾听
昏黑里泛起的伤悲。

你去

你去，我也走，我们在此分手；
你上哪一条大路，你放心走，
你看那街灯一直亮到天边，
你只消跟从这光明的直线！
你先走，我站在此地望着你，
放轻些脚步，别教灰土扬起，
我要认清你的远去的身影，
直到距离使我认你不分明，
再不然我就叫响你的名字，
不断的提醒你有我在这里，
为消解荒街与深晚的荒凉，
目送你归去……
不，我自有主张，
你不必为我忧虑；你走大路，
我进这条小巷，你看那棵树，
高抵着天，我走到那边转弯，
再过去是一片荒野的凌乱：

有深潭，有浅洼，半亮着止水，
在夜茫中像是纷披的眼泪；
有石块，有钩刺胫踝的蔓草，
在期待过路人疏神时绊倒！
但你不必焦心，我有的是胆，
凶险的途程不能使我心寒。
等你走远了，我就大步向前，
这荒野有的是夜露的清鲜；
也不愁愁云深裹，但须风动，
云海里便波涌星斗的流汞；
更何况永远照彻我的心底，
有那颗不夜的明珠，我爱你！

卑微

卑微，卑微，卑微，
风在吹，
无抵抗的残苇：
枯槁它的形容，
心已空，
音调如何吹弄？
它在向风祈祷：
"忍心好，

将我一举推倒；
也是一种解化——
本无家，
任漂泊到天涯！"

难忘

这日子——从天亮到昏黄，
虽则有时花般的阳光，
从郊外的麦田，
半空中的飞燕，
照亮到我劳倦的眼前，
给我刹那间的舒爽，
我还是不能忘——
不忘旧时的积累，
也不分是恼是愁是悔，
在心头，在思潮的起伏间，
像是迷雾，像是诅咒的凶险：
它们包围，它们缠绕，
它们狞露着牙，它们咬，
它们烈火般的煎熬，
它们伸拓着巨灵的掌，
把所有的忻快拦挡……

泰山

山！
你的阔大的潺骥岩，
像是绝海的惊涛，
忽地飞来，
凌空不动，
在沉默的承受日月与云霞拥戴的光毫；
更有万千星斗，
错落在你的胸怀，
像诉说隐奥，
蕴藏在岩石的核心与崔嵬的天外！

枉然

你枉然用手锁着我的手，
女人，用口擒住我的口，
枉然用鲜血注入我的心，
火烫的泪珠见证你的真；
迟了！你再不能叫死的复活，
从灰土里唤起原来的神奇；

纵然上帝怜念你的过错,
他也不能拿爱再交给你!

"他眼里有你"

我攀登了万仞的高冈,
荆棘扎烂了我的衣裳,
我向飘渺的云天外望——
上帝,我望不见你!
我向坚厚的地壳里掏,
捣毁了蛇龙们的老巢,
在无底的深潭里我叫——
上帝,我听不到你!
我在道旁见一个小孩:
活泼,秀丽,褴褛的衣衫,
他叫声妈,眼里亮着爱——
上帝,他眼里有你!

献词

在过路时点染了他的空灵,
使他惊醒,将你的倩影抱紧。
他抱紧的只是绵密的忧愁,

因为美不能在风光中静止;
他要,你已飞渡万重的山头,
去更阔大的湖海投射影子!
他在为你消瘦,那一流涧水,
在无能的盼望,盼望你飞回!

车眺

一

我不能不赞美
这向晚的五月天;
怀抱着云和树
那些玲珑的水田。

二

白云穿掠着晴空,
像仙岛上的白燕!
晚霞正照着它们,
白羽镶上了金边。

三

背着轻快的晚凉,
牛,放了工,呆着做梦;
孩童们在一边蹲,

想上牛背,美,逞英雄!

四
在绵密的树荫下,
有流水,有白石的桥,
桥洞下早来了黑夜,
流水里有星在闪耀。

五
绿是豆畦,阴是桑树林,
幽郁是溪水傍的草丛,
静是这黄昏时的田景,
但你听,草虫们的飞动!

六
月亮在昏黄里上妆,
太阳心慌的向天边跑;
他怕见她,他怕她见,
怕她见笑一脸的红糟!

一块晦色的路碑

脚步轻些,过路人!
休惊动那最可爱的灵魂,

如今安眠在这地下,
有绛色的野草花掩护她的余烬。
你且站定,在这无名的土阜边,
任晚风吹弄你的衣襟,
倘如这片刻的静定感动了你的悲悯,
让你的泪珠圆圆的滴下——
为这长眠着的美丽的灵魂!
过路人,
假若你也曾在这人间不平的道上颠顿,
让你此时的感愤凝成最锋利的悲悯,
在你的激震着的心叶上,
刺出一滴,两滴的鲜血——
为这遭冤屈的最纯洁的灵魂!

窥镜

我向着镜里端详,思忖,
镜里反映出我消瘦的身影,
我说:"但愿仰上帝的慈恩,
使了我的心,变成一般的瘦损!"
因为枯萎了的心,
不再感受人们渐次疏淡我的寒冰,
我自此可以化石似的镇定,

孤独地，静待最后的安宁。
但只不仁慈的，磨难我的光阴，
消耗了我的身，却留着我的心；
鼓动着干潮般的脉搏与血运，
在昏夜里狂撼我消瘦了的身影。